LES SANCTIONS CONTRE LE DROIT INTERNATIONAL

Sous la direction de
Gilles-Emmanuel Jacquet

LES SANCTIONS CONTRE LE DROIT INTERNATIONAL

Préface de Gabriel Galice

L'Harmattan

Cahier du GIPRI n°12 - 2022

5-7, rue de l'Ecole-Polytechnique, 75005 Paris
http://www.editions-harmattan.fr
ISBN : 978-2-14-028576-9
EAN : 9782140285769

Préface

Droits de l'Homme, droits des peuples et souveraineté

Dr Gabriel Galice
Président du Conseil de Fondation du GIPRI

> Il se mène en ce moment de par le monde, une grande dispute, à coup d'images, de mots et de grenades : entre les champions de la liberté individuelle et ceux de la dignité des peuples.
>
> Régis Debray,
> *L'intellectuel face aux tribus*,
> CNRS Éditions, 2008

L'Institut International de Recherches pour la Paix à Genève, le GIPRI, a rejoint d'enthousiasme l'initiative du colloque « Souveraineté des États et droit international », lancée par ALBA Suiza et l'Association Suisse-Cuba. Le colloque s'est tenu à Berne, le samedi 10 octobre 2020. La recherche sans concession contrarie les préjugés, les idées reçues, la propagande, elle est notre raison d'être.

Les mots du pouvoir

En dépit des bavardages insidieux sur « les démocraties » (nous, les « gentils » de la novlangue) et « les dictatures » (eux, les « méchants »), le monde réel est un assemblage de pouvoirs pyramidaux, de rapports de forces. Ces pouvoirs entremêlent les dimensions politiques, économiques, militaires, techniques, culturelles, idéologiques, de la puissance, en haut, ou de l'impuissance, en bas. La puissance dominante est celle qui réunit au mieux les différentes modalités du pouvoir, dont celles de se faire entendre, de se montrer, de dénigrer l'adversaire.

La rhétorique est l'habillage des rapports de force, l'invocation des « valeurs » l'alibi de la défense de nos intérêts. Jean de Gliniasty en décrit par le menu le maquillage diplomatico-médiatique : « Pour dire les choses franchement, le mot « valeurs » cache souvent l'expansionnisme idéologique industriel, financier, commercial et militaire d'intérêts qui ne sont pas toujours les nôtres, et surtout la dissolution de nos propres critères d'appréciation nationaux. Il fait partie, dans le meilleur des cas, de la « puissance douce » et, dans le pire, de l'accompagnement de la "puissance dure" ».[1]

L'OTAN, bras armé de l'Occident, bombarde les uns de missiles, les autres de slogans fallacieux. « La guerre ne consiste pas seulement à faire rentrer des morceaux de fer dans des morceaux de chair, mais aussi des idées dans des esprits ;

---

[1]Jean de Gliniasty, *La diplomatie au péril des valeurs*, L'inventaire, 2017, p.59.

elle suppose autant de moyens de propagation que de destruction ».[2]

Le choix des mots conforte l'emploi des armes. Ceux qui invoquent surabondamment « les droits de l'homme » pour distribuer les bons et les mauvais points taisent nos manquements majeurs (la détention arbitraire de Julian Assange, nos « interventions », ouvertes ou dissimulées ou les mutilations de manifestants par la police française sont éloquents) et sélectionnent les articles de la Charte universelle des droits de l'homme (ils font peu de cas des articles 21 à 29 relatifs aux droits collectifs et sociaux).

La pyramide impérialiste, les Droits de l'Homme

La dislocation de l'URSS, du bloc communiste et du pacte de Varsovie, en 1991, aurait pu et dû conduire à l'élaboration d'une nouvelle architecture internationale de sécurité passant par la dissolution ou la refonte de l'OTAN. L'Occident a choisi de faire prévaloir sa suprématie momentanée, sa « sécurité » sur la paix. Sous la conduite des États-Unis d'Amérique, l'Union européenne, tournant le dos aux perspectives d'un nouveau monde pacifié, a, tout au contraire, en 1992, gravé l'OTAN dans le marbre du traité de Maastricht. Comme si cela ne suffisait pas, l'OTAN, contrairement aux engagements pris par la diplomatie étasunienne[3], s'est étendue très

---

[2]François-Bernard Huyghes, *Quatrième guerre mondiale – Faire mourir et faire croire*, Éditions du Rocher, 2004, p. 14

[3] Charles Thibout, « L'élargissement de l'OTAN et la Russie : promesse tenue ? », IRIS, 21/12/2017 : https://www.iris-france.org/104531-lelargissement-de-lotan-et-la-russie-promesse-tenue/, et Gabriel Galice, « L'OTAN en perspectives: quelques regards nationaux », Recherches Internationales, n° 108, janvier-mars 2017, pp.99-112 : https://www.recherches-internationales.fr/RI108/RI108Galice.pdf

au-delà du territoire allemand (incluant les Pays baltes qui faisaient partie intégrante de l'URSS), puis, en 1999 (année des bombardements de la Serbie), a transformé l'Organisation du Traité de l'Atlantique Nord, de structure défensive régionale en institution de « sécurité » globale, mondiale.[4] En 1994, l'OTAN noue un « dialogue méditerranéen » avec des pays d'Afrique du Nord et du Moyen-Orient et invente, invraisemblable oxymore pour une institution belliqueuse, le « partenariat pour la paix », auquel se rallieront, naïveté ou cynisme, des pays « neutres » comme la Suède et la Suisse.

Dès 1985, le président de l'Union soviétique Mikhaïl Gorbatchev proposait aux Européens une « maison commune » pour assurer la sécurité. En 1995, l'ancien président de l'Union soviétique relançait son plaidoyer pour une « maison commune européenne ».[5] En vain. Refusant de prendre la mesure du nouvel ordre du monde émergeant, les dirigeants européens, ceux de l'UE et les autres, allaient céder aux injonctions des États-Unis d'Amérique de rester dans leur giron, sous leur tutelle.

En juin 2008, moins d'un mois après son entrée en fonction, le président de la Fédération de Russie, Dimitri Medvedev, préconisait une « nouvelle architecture de sécurité ». La réponse occidentale ne sera pas à la hauteur de ses attentes :

---

[4] Nils Andersson, « À quoi sert l'OTAN ? », La Pensée, 2016/1, n° 385, pp. 71-83 : https://www.cairn.info/revue-la-pensee-2016-1-page-71.htm

[5] Mikhaïl Gorbatchev, "Plaidoyer pour une « Maison commune », Politique internationale, été 1995, n° 68, pp.101-112: https://www.cvce.eu/obj/mikhail_gorbatchev_plaidoyer_pour_une_maison_commune-fr-93dc078a-78d8-4fed-aab7-1aeb3b1ce696.html https://www.cvce.eu/obj/mikhail_gorbatchev_plaidoyer_pour_une_maison_commune-fr-93dc078a-78d8-4fed-aab7-1aeb3b1ce696.html

« Dans leur grande majorité, les États de l'OSCE répugnent à envisager la création de nouvelles institutions ou la signature d'un nouveau traité sur la sécurité européenne, mais s'accordent à reconnaître la nécessité d'améliorer le fonctionnement des structures existantes, pour que tous les pays bénéficient d'une sécurité égale. Toutefois, ils insistent sur le fait qu'un tel système ne peut fonctionner que si tous les partenaires partagent les mêmes valeurs ».[6]

La Russie ripostera par la création, avec la Chine, de l'Organisation de Coopération de Shanghai (OCS 2001) et, avec ses voisins proches, de l'Organisation du traité de sécurité collective (OTSC 2002). Le 23 septembre 2008, le secrétaire général de l'ONU Ban Ki-Moon et le secrétaire général de l'OTAN, Jaap de Hoop Scheffer ont signé en toute discrétion une « Déclaration commune sur la collaboration des Secrétariats des Nations Unies et de l'OTAN. » Un tel accord de collaboration, conçu à l'insu des Russes et des Chinois, membres permanents du Conseil de sécurité, vise abusivement à octroyer à l'OTAN un statut officiel de co-responsabilité dans le maintien de la paix mondiale. Il prévoit notamment « une coopération plus poussée (…), des échanges réguliers et un dialogue, tant au niveau décisionnel qu'au niveau exécutif, sur les questions politiques et opérationnelles ».[7]

L'architecture sécuritaire post-Guerre froide porte ainsi la marque de la volonté hégémonique Occidentale. Elle éclaire les illusions sur la mondialisation pacifique et la paix par le commerce, slogan de l'Organisation mondiale du commerce

---

[6] « IV. L'actualité géopolitique, A. La nouvelle architecture de sécurité pour l'Europe », Assemblée de l'Union de l'Europe occidentale au cours de la 57e session ordinaire 2010 : https://www.senat.fr/rap/r09-337/r09-3375.html

[7] Karl Müller, *Horizons et débats*, 23 septembre 2008

(OMC)[8]. Le terme américain de « globalization » nous laisse accroire que le globe terrestre nous globalise globalement, sur la lancée des flux financiers, informationnels, migratoires, etc. Sa traduction en français par « mondialisation » manque l'essentiel en masquant les hiérarchies et les différences qui apparentent plutôt le monde social à une pyramide, à un enchevêtrement de pyramides de pouvoirs. Les quatre faces de la méta-pyramide sont économique, militaire, intellectuel et politique, sa base est technique. Conscient de cette simplification intempestive, Michel Beaud proposait, en 1987, la notion de *système national/mondial hiérarchisé* ou SNMH.[9] En 2006, le GIPRI l'a invité à présenter sa démarche. Nous retiendrons ici trois idées de cet auteur, trop peu conformiste pour être largement médiatisé :

> 1) La naissance et le développement du capitalisme obéit dès le début à une double hiérarchisation, technique et productive d'une part, géopolitique d'autre part,
>
> 2) « Notons que j'utilise là le mot « impérialisme » dans ses deux sens : celui dégagé par Schumpeter à la fin du XIXe siècle (utilisation par un État de sa puissance pour obtenir des avantages d'autres États) ; et celui diffusé par les continuateurs de Marx (ensemble globalisé de rapports de domination et d'exploitation qui s'est mis en place à l'ère du second capitalisme industriel) »[10],

---

[8] Allégation contredite par Yash Tandon dans son livre, *Le commerce, c'est la guerre*, CETIM, 2015.

[9] Michel Beaud, *Le système national/mondial hiérarchisé (une nouvelle lecture du capitalisme mondial)*, la Découverte, 1987

[10] Michel Beaud, *Capitalisme, système national/mondial hiérarchisé et devenir du monde*, 2006, Cahier du GIPRI n° 4, L'Harmattan, 2006, p.13

3) les nations et le monde interagissent : « Mon souci alors était de sortir de la dichotomie de la pensée économique qui se déployait (...) sur deux champs nettement séparés : celui de l'économie nationale et celui de l'économie internationale ».[11]

Aujourd'hui, la guerre de l'information est une forme et une condition des autres formes de guerre. Le livre de Jacques Baud, colonel du renseignement suisse à la retraite, *Gouverner par les Fake News*, nous instruit méticuleusement sur les manipulations des dirigeants et de leurs médias. Il conforte les généraux chinois Qiao Liang et Wang Xingsui, auteurs de *La Guerre hors limites*, pour qui le XXIe siècle est prioritairement marqué par les « opérations de guerre non militaires ». Les « opérations de guerre non militaires » désignent les actions financières, monétaires, industrielles (prises de contrôle, espionnage), médiatiques.

Les embargos et sanctions, à l'ordre du jour du colloque de Berne, en font évidemment partie. Légaux ou non[12], ils tuent. L'embargo contre l'Irak aurait tué 2 millions de personnes, dont 500 000 enfants, celui contre le Venezuela 40 000 en 2017-2018.[13] Les embargos et sanctions illégaux privent de

---

[11] Ibid., p.17

[12] Bernard Ferrand, « Quels fondements juridiques aux embargos et blocus aux confins des XXe et XXIe siècles ? », Guerres mondiales et conflits contemporains, vol. 214, n° 2, 2004, pp. 55-79 : https://www.cairn.info/article.php?ID_ARTICLE=GMCC_214_0055

[13] Mark Weisbrot et Jeffrey Sachs, *Economic Sanctions as Collective Punishment: The Case of Venezuela*, Center for Economic and Policy Research, Washington DC, avril 2019, p.11, cité par Jacques Baud, *Gouverner par les Fake News*, Max Milo, 2020, p.14 et « Venezuela : Un ancien rapporteur de l'ONU affirme que les sanctions américaines tuent des citoyens », Les Crises, 20/07/2019 : https://www.les-crises.fr/crise-au-venezuela-un-ancien-rapporteur-de-lonu-affirme-que-les-sanctions-americaines-tuent-des-citoyens/?fbclid=IwAR2RtRthMnCE-

nourriture, de médicaments, de matériel scolaire, d'eau potable par destruction des stations d'épurations, etc.

Les embargos et sanctions décidés, appliqués par un ou plusieurs pays sont contraires au droit international. La Charte de l'ONU est claire, qui en fait une prérogative du Conseil de sécurité. Son chapitre VII, relatif à l'« action en cas de menace contre la paix, de rupture de la paix et d'acte d'agression », stipule en son article 41 :

« Le Conseil de sécurité peut décider quelles mesures n'impliquant pas l'emploi de la force armée doivent être prises pour donner effet à ses décisions, et peut inviter les Membres des Nations Unies à appliquer ces mesures. Celles-ci peuvent comprendre l'interruption complète ou partielle des relations économiques et des communications ferroviaires, maritimes, aériennes, postales, télégraphiques, radioélectriques et des autres moyens de communication, ainsi que la rupture des relations diplomatiques ».[14]

En 1960, 1962, 1992, 1996, les États-Unis n'ont eu de cesse de durcir la législation interdisant les échanges avec Cuba en vue de faire tomber le régime castriste. La loi Helms-Burton (Cuban Liberty and Democratic Solidarity (Libertad) Act), adoptée par les États-Unis en 1996, prétend interdire à toute personne ou entreprise, de par le monde, d'échanger avec Cuba. La même année 1996, la loi dite d'Amato-Kennedy (Iran and Libya Sanctions Act) vise à sanctionner les États-voyous (Rogue States) assimilés à des protecteurs directs ou indirects d'actes terroristes.

Au fil du temps, prétextant leur sécurité, la « lutte contre la corruption », la défense de leurs intérêts « injustement lésés »,

---

[14]Article 41, Chapitre VII : Action en cas de menace contre la paix, de rupture de la paix et d'acte d'agression, Charte des Nations Unies : https://www.un.org/fr/about-us/un-charter/chapter-7

les États-Unis étendent l'extraterritorialité de leurs lois, y compris à l'encontre d'entreprises de pays alliés et amis comme la France[15] ou la Suisse.

Le professeur Lorenzo Anasagasti, vice-directeur du département de recherches de l'Institut d'oncologie de La Havane témoigne :

« En 2006, Cuba avait acheté à une entreprise canadienne, Nordion, un équipement de brachythérapie. C'est un appareil qui sert à diffuser le traitement directement dans, ou très près, d'une tumeur. C'est un appareil qui fonctionne automatiquement, de très bonne qualité, qu'on a obtenu à un bon prix. Il a fallu former notre personnel, préparer les locaux pour son installation. Peu de temps avant de recevoir l'appareil, l'entreprise Nordion a vendu à une entreprise US la division qui le fabriquait. Une semaine plus tard, nous avons été informés que la fourniture de la matière première radioactive – qui devait être changée tous les trois mois – allait cesser. Nous avons donc dû tout remplacer par du matériel d'une société hollandaise. Cela nous a pris entre huit et dix mois. Il a fallu modifier les locaux, former à nouveau le personnel. Dix mois pendant lesquels les patients n'ont pu être traités. Ces choses-là nous arrivent très fréquemment ».[16]

---

[15] Ludovic Lassauce, « Extraterritorialité du droit américain : le grand « hold-up », La Tribune, 31/10/2019 : https://www.latribune.fr/opinions/tribunes/extraterritorialite-du-droit-americain-le-grand-hold-up-832113.html et « L'extraterritorialité du droit américain », Colloque du 01/02/2016, Fondation Res Publica : https://www.fondation-res-publica.org/L-extraterritorialite-du-droit-americain_r129.html ; Hervé Juvin, « La guerre du droit pénal américain aura-t-elle lieu ? », Eurogroup Consulting, 2016 et Benoît Collombat, « Guerre économique : comment les États-Unis font la loi », France Culture, 19/01/2018 : https://www.franceculture.fr/economie/guerre-economique-comment-les-etats-unis-font-la-loi

[16] Viktor Dedaj, *Cuba sous embargo*, Editions Delga, 2020, p.127

Et nous donnons des leçons de « droits de l'homme » aux Cubains ? Oublierions-nous que la Constitution de l'Organisation mondiale de la Santé (OMS) établit que « la possession du meilleur état de santé qu'il est capable d'atteindre constitue l'un des droits fondamentaux de tout être humain » ?

Les opérations de guerre militaires ne disparaissent pas mais elles sont encadrées. Autant dire que nos sociétés « civiles » se « guerroïsent », se bellicisent au moins autant qu'elles se militarisent. Les informations télévisées, y compris en Suisse, sur la Russie, la Syrie, le Venezuela, sont des modèles de propagande occidentaliste. Comble de l'horreur : nos gouvernements arment des terroristes pour combattre des « dictateurs » désignés, en Syric et ailleurs, terroristes qui viennent ensuite massacrer nos populations à Paris, à Berlin ou à Bruxelles.[17]

La pandémie de Covid-19 est venue aggraver les effets dévastateurs des « sanctions » illégales imposées par les dirigeants occidentaux aux peuples iranien, vénézuélien, cubain, syrien et autres. Les États-Unis interdisent l'entrée à Cuba de matériels médicaux, ils acquièrent des maisons d'édition pour empêcher l'arrivée sur l'île de livres de médecine en espagnol. Pour se donner bonne conscience, certains pays offrent des vaccins à des pays en développement tout en atermoyant pour faire suspendre les brevets des vaccins anti-Covid. Malgré l'insistance de l'Inde et de l'Afrique du Sud, relayée par l'OMS, la « neutre » Suisse se montre plus cupide que les autres, plus soucieuse des marges bénéficiaires de son industrie que du bien-être des populations.[18] L'argent prime sur la

---

[17]Maxime Chaix, *La guerre de l'ombre en Syrie - CIA, pétrodollars et Djihad*, Erick Bonnier, 2019

[18]« Sous pression pour suspendre les brevets des vaccins anti-Covid, la Suisse résiste », RTS /Swissinfo, 07/05/2021 : https://www.

santé, la valeur d'échange des vaccins prévaut sur leur valeur d'usage, l'OMC pèse davantage que l'OMS.[19]

Le colloque témoigne d'une résistante souveraineté

Naguère notion phare du droit, de la philosophie et de la politique, pourquoi la souveraineté est-elle discréditée de nos jours ?

« La souveraineté est la puissance absolue et perpétuelle d'une République », selon Jean Bodin (1529 – 1596), rompant avec le principe du droit divin. La République peut être monarchique, aristocratique ou démocratique. Jean-Jacques Rousseau (1712 – 1778) s'inspire de Bodin mais il adosse strictement la souveraineté à la volonté générale. Selon lui, la souveraineté est inaliénable : « Je dis que la souveraineté n'étant que l'exercice de la volonté générale ne peut jamais s'aliéner, et que le souverain, qui n'est qu'un être collectif, ne peut être représenté que par lui-même ; le pouvoir peut bien se transmettre mais pas la volonté ».[20]

Elle est aussi indivisible :

« Par la même raison que la souveraineté est inaliénable, elle est indivisible. Car la volonté est générale, ou elle ne l'est pas, elle est celle du corps du peuple, ou seulement d'une partie. Dans le premier cas, cette volonté déclarée est un acte de

---

swissinfo.ch/fre/sous-pression-pour-suspendre-les-brevets-des-vaccins-anti-covid--la-suisse-r%C3%A9siste/46599496

[19]Richard Hiault, « Vaccins : l'OMC échoue à suspendre les brevets, les États-Unis ouvrent une brèche », Les Échos, 05/05/2021 : https://www.lesechos.fr/monde/enjeux-internationaux/vaccins-lomc-echoue-a-suspendre-les-brevets-1312762

[20] Jean-Jacques Rousseau, *Du contrat social*, L II, Ch. I, *Œuvres complètes* III, Gallimard, p.268

souveraineté et fait loi. Dans le second, ce n'est qu'une volonté particulière, ou un acte de magistrature ; c'est un décret, tout au plus ».[21]

Dans son essai inachevé *Nécessaire souveraineté*[22], Coralie Delaume rappelle que plusieurs constitutions ou lois fondamentales font de la souveraineté l'expression de la volonté populaire :

« "Le principe de toute souveraineté réside essentiellement dans la nation", pose l'article 3 de la Déclaration des droits de l'homme et du citoyen, parfaitement complété par celui de la Constitution (française) de 1958 : "la souveraineté nationale appartient au peuple qui l'exerce par ses représentants et par la voie du référendum". (...) Ainsi la loi fondamentale allemande dispose-t-elle que "tout pouvoir d'État émane du peuple" (art. 20), la Constitution italienne que "la souveraineté appartient au peuple » (art.1) et l'espagnole que "la souveraineté nationale réside dans le peuple espagnol duquel émanent les pouvoirs de l'État" (art.1.2) ».[23]

D'un côté, *l'économie tyrannique* coextensive à *l'état de guerre*, de l'autre *l'économie populaire* fondée sur la *volonté générale*, sommes-nous sortis de ce dilemme ?[24]

L'article 2 § 1 de la Charte de l'ONU stipule que « L'Organisation est fondée sur le principe de l'égalité souveraine de tous ses membres ». Les juristes soviétiques nommaient « souveraineté rénovée » la « souveraineté limitée » ou, plus communément, « doctrine Brejnev ». Cette doctrine justifiait les invasions de la Hongrie en 1956 et de la Tchécoslovaquie

---

[21] Ibid., Ch. II, p.369

[22] Coralie Delaume, *Nécessaire souveraineté*, Michalon, 2021

[23] Ibid., pp.25-27

[24] Pour les développements, Gabriel Galice et Christophe Miqueu, *Penser la République, la guerre et la paix sur les traces de Jean-Jacques Rousseau*, Slatkine, 2012 et la conférence « Rousseau et l'économie politique »: https://www.youtube.com/watch?v=fSwuImC3fsY

en 1968, au nom de la défense des pays socialistes. Les communistes chinois et roumains affichaient leur attachement à la stricte souveraineté.

Avec la « doctrine Monroe », les États-Unis annonçaient, dès 1823, qu'ils « protégeraient » le continent américain des influences colonisatrices européennes. Ils allaient ensuite « protéger » l'ensemble de l'humanité contre le communisme et toutes les formes de mise en cause de leur suprématie. En libérant l'Europe du nazisme, ils entendaient la placer sous tutelle anglo-saxonne par le truchement de l'AMGOT (Allied Military Government of Occupied Territories).[25]

De Marché commun en Union européenne et Euro[26], de GATT (General Agreement on Tariffs and Trade) en OMC (Organisation mondiale du commerce), le libre-échangisme économique (version intégriste du libre-échange dénoncée, après Friedrich List, par Maurice Allais et d'autres) s'est déclaré encombré par les frontières, les États, les peuples, leur souveraineté. Qu'ils se prétendent « de gauche » ou « de droite », les nouveaux « libéraux » renient leurs principes respectifs au bénéfice du *libérisme*[27] le plus béat.

Le droit international n'en est pas désuet pour autant, malgré une ineptie fréquemment lue ou entendue. Les infractions

---

[25] Pascal Priestley, « 6 juin 1944 : l'autre bataille de France », TV5 Monde, 06/06/2014 : https://information.tv5monde.com/info/6-juin-1944-l-autre-bataille-de-la-france-1851

[26] Selon François Clavé, « l'idée traditionnelle de souveraineté nationale se dissipe et s'affaiblit (...) tant une monnaie commune est contraignante du point de vue économique et politique. », « La croissance en zone euro et les limites de l'articulation de l'économique et du politique dans l'approche fonctionnaliste de l'intégration européenne », dans *Revue internationale des économistes de langue française*, vol. 2, n° 2, 2017, pp. 177-194

[27] Selon la distinction de Benedetto Croce (1866 – 1952) entre *libérisme* économique et *libéralisme* politique.

au Code de la route n'invalident aucunement les règles de la circulation routière. Selon le *Dictionnaire de droit international public*, la souveraineté est la « notion, qui, dans l'ordre interne, exprime la puissance suprême (*suprema potestas*) de gouverner, de commander et de décider et qui, liée à l'apparition de l'État moderne, est inséparable de celui-ci ».[28] Encore faut-il que cette souveraineté nationale[29] ne soit subordonnée ni à la « souveraineté des entreprises »[30], ni aux autorités européennes (Commission, Cour de Justice de l'Union européenne, Banque centrale européenne…). En juriste, Boris Barraud opère une analogie entre souveraineté et norme fondamentale.[31]

L'Occident piétine les « valeurs » dont il se réclame pour accabler ses adversaires.[32] Il prétend défendre « la démocratie » contre les « dictatures », sans craindre d'éliminer des dirigeants ou d'organiser des coups d'État, élégamment qualifiés de « changement de régime » (*Regime Change* dans le texte original). Coralie Delaume rappelle opportunément que Friedrich Hayek, maître à penser de Margaret Thatcher et des dirigeants qui partagent ses vues, théorise le primat de l'économique sur le politique et fustige la « démocratie illimitée ».[33]

---

[28] Jean Salmon (dir.), *Dictionnaire de droit international public*, Bruylant, 2001

[29] L'article 3 de la Constitution française énonce : « La souveraineté nationale appartient au peuple qui l'exerce par ses représentants et par la voie du référendum ».

[30] Alain Joxe, *L'empire du chaos,* La Découverte, 2002, p.95

[31] Boris Barraud, « La souveraineté et la norme fondamentale », *Les annales du droit,* 12 /2018

[32] La France au Yémen, voir par exemple Pascale Veysset, « Armes françaises au Yémen : " Si on ne veut pas des morts dans la population, il ne faut pas vendre des armes" », TV5 Monde, 18/04/2019 : https://information.tv5monde.com/info/armes-francaises-au-yemen-si-ne-veut-pas-qu-il-y-ait-des-morts-dans-la-population-il-ne-faut

[33] Coralie Delaume, op. cit., p.46

Qu'une pseudo-gauche condamne Cuba ou s'abstienne de la soutenir en dit long sur l'OTANisation des esprits occidentaux (plusieurs Secrétaires généraux de l'OTAN furent issus des rangs de la social-démocratie, dont Jens Stoltenberg, l'inénarrable marionnette actuelle du *leadership* étasunien). Quand nous manifestions contre l'agression américaine au Vietnam, dans les années 60 et 70, il ne nous serait pas venu à l'idée de "condamner le dictateur Hô Chi Minh" ! Aujourd'hui, la gauche bobo aveuglée en est là ! Aux obsèques d'Hugo Chavez, en 2013, le gouvernement français était représenté par Victorin Lurel. Le ministre des Outre-mer, Guadeloupéen, fit l'éloge du défunt : « Le monde gagnerait à avoir beaucoup de dictateurs comme Hugo Chavez puisqu'on prétend que c'était un dictateur. Il a jusqu'ici et pendant quatorze ans respecté les droits de l'homme. Toutes choses égales par ailleurs, Chavez, c'est de Gaulle plus Léon Blum. De Gaulle parce qu'il a changé fondamentalement les institutions, et puis Léon Blum, c'est-à-dire le Front populaire, parce qu'il lutte contre les injustices ». Quel tollé dans la bien-pensance, celle de la gauche germanopratine inclusivement ! Marisol Touraine, ministre des Affaires sociales et de la Santé, se crut obligée de désavouer son collègue : « Je n'aurais pas employé ces termes-là. Le bilan sur les droits de l'homme est contrasté, faire de Chavez une figure de référence internationale n'a pas de sens, mais oublier son charisme et ce qu'il a fait pour les plus pauvres serait également une faute ».[34] Ah ! Ces droits de l'homme ! À l'évidence, ils diffèrent selon la gauche façon Lurel et la gauche manière Touraine.

Viktor Dedaj cite une réponse cinglante d'un Cubain, Ibrahim : « Alors tu peux dire à tes amis "de gauche" en Europe

---

[34]« L'hommage du ministre Lurel à Hugo Chavez fait grincer des dents à droite », Le Nouvel Observateur, 10/03/2013 : https://www.nouvelobs.com/politique/20130310.AFP6094/l-hommage-du-ministre-lurel-a-hugo-chavez-fait-grincer-des-dents-a-droite.html

que leurs critiques ne nous concernent pas, ne nous touchent pas, ne nous impressionnent pas. Nous, nous avons fait une révolution. C'est quoi leur légitimité à ces gens-là, tu peux me le dire ? Qu'ils fassent une révolution chez eux pour commencer. Oh, pas forcément une grande, tout le monde n'a pas les mêmes capacités. Disons une petite, juste assez pour prétendre qu'ils savent de quoi ils parlent. Et là, lorsque l'ennemi se déchaînera, lorsque le toit leur tombera sur la tête, ils viendront me voir. Je les attendrai avec une bouteille de rhum ».[35] Et Dedaj de conclure : « Je ne trouve rien de particulier à ajouter ». Moi non plus.

Changer de point de vue, au sens topographique, s'impose pour considérer le monde autrement que dans une perspective occidentaliste auto-satisfaite, conquérante, impérialiste. Cuba n'est pas le plus mauvais poste d'observation. Le professeur Abel Prieto, ministre de la Culture de 1997 à 2012 et de 2016 à 2018, président de *La casa de las Americas*, apporta, par vidéo, sa contribution argumentée au colloque de Berne. « La principale puissance hégémonique, les États-Unis d'Amérique, a été responsable d'avoir sapé de manière flagrante et arrogante les fondements du multilatéralisme ».

Sa compatriote, la juriste cubaine Leyla Carrillo Ramirez, développe avec minutie « les métamorphoses de l'intervention ». Son livre[36] scrute la palette des interventions, manifestes ou insidieuses, par lesquelles l'Occident impose ses vues et ses intérêts. L'auteure relève le passage du « coup d'État » classique (dont celui de Pinochet renversant Allende, au Chili) au « changement de régime », tous deux fomentés et soutenus depuis l'étranger. La palette des interventions comprend l'intervention de crise, la mission de paix, l'intervention

---

[35] Viktor Dedaj, *Cuba sous embargo*, Editions Delga, 2020, p.55

[36] Leyla Carrillo Ramirez, *The Metamorphosis of Intervention*, Verdict International Press, 2020

« humanitaire » et la responsabilité de protéger (R2P dans le jargon anglo-saxon). Elle cite longuement le vice-président du Comité international de la Croix-Rouge (CICR), Jacques Forster, qui insiste sur le fait que « l'intervention humanitaire » est totalement étrangère au droit humanitaire international.[37]

Considérer le monde depuis la Syrie, comme le fait pour sa part Ayssar Midani, est une autre façon de déplacer le regard, de désencombrer les stéréotypes occidentaux.[38] Sa contribution au colloque a véritablement nourri l'auditoire bernois.[39]

L'optique du professeur Alfred de Zayas[40] est non moins édifiante. Le juriste étasunien (devenu également Suisse en 2017) est né à Cuba avant la révolution castriste, dans un milieu aisé. Il fit ses études d'histoire et de droit à Harvard, entra au cabinet d'avocats new-yorkais Simpson Thacher and Bartlett, devint diplômé de l'université de Göttingen, termina sa carrière à l'ONU par un tumultueux mandat de rapporteur spécial sur le Venezuela.[41] Pour l'auditoire, Alfred de Zayas a commenté en français, en allemand et en espagnol quelques violations caractérisées du droit international.

---

[37] Jacques Forster, « "Humanitarian Intervention" and International Humanitarian Law », Ninth Annual Seminar on International Humanitarian Law for Diplomats accredited to the United Nations, Geneva, 8-9 March 2000 : https://www.icrc.org/en/doc/resources/documents/statement/57jqjk.htm

[38] Huguette Pérol et Ayssar Midani, *Une femme syrienne*, L'Harmattan, 12/03/2020: https://www.youtube.com/watch?v=47Pf6q0GtNc

[39] Intervention d'Ayssar Midani au colloque « La Souveraineté des États et le droit international », Berne, GIPRI, octobre 2020 : https://www.youtube.com/watch?v=wcac_sdHji8

[40] Biographie de M. Alfred M. de Zayas, OHCHR : https://www.ohchr.org/FR/Issues/IntOrder/Pages/AlfredDeZayas.aspx

[41] Alain Jourdan, « L'insoumis Alfred de Zayas jette son dernier pavé », *La Tribune de Genève*, 13 mai 2018 : https://www.tdg.ch/monde/insoumis-alfred-zayas-jette-dernier-pave/story/25869696

Blocus et sanctions relèvent du terrorisme économique

Depuis le colloque de Berne, le président Joseph Biden, aux USA, a succédé à Donald Trump.[42] La nouvelle administration a prolongé les « sanctions » contre Cuba, l'Iran, le Venezuela, la Syrie, elle y ajoute, après le retrait des troupes, celles contre l'Afghanistan, aussi meurtrières.[43] L'unilatéralisme, la guerre aux peuples et la domination violente *(leadership)* suivent leur cours.

Pour imparfaite et inégalement appliquée qu'elle soit, la Charte de l'Organisation des Nations Unies (ONU) est la loi commune, préférable à l'unilatéralisme et aux multiples visages de l'impérialisme, domination de l'oligarchie d'un ou plusieurs États sur des peuples, des nations.[44] Le système des Nations unies comporte les organismes spécialisés comme l'OMS, l'UNESCO, la CNUCED tandis que des Institutions économiques internationales comme la BRI, l'OMC, le FMI et la Banque mondiale, de facture privée, jouissent de larges prérogatives et produisent leurs propres normes.

L'ONU est un système relevant à la fois de principes démocratiques et de normes oligarchiques. Le § 4 de l'article 2 de la Charte proclame : « Les membres de l'Organisation s'abstiennent, dans leurs relations internationales, de recourir

---

[42]« Les 10 premières erreurs de Joe Biden en politique étrangère », Les Crises, 06/04/2021 : https://www.les-crises.fr/les-10-premieres-erreurs-de-joe-biden-en-politique-etrangere/

[43]Murtaza Hussain, « The Silence — or Worse — of Human Rights Hawks on U.S. Sanctions Against Afghanistan », The Intercept, 09/01/2022 : https://theintercept.com/2022/01/09/afghanistan-sanctions-human-rights-hawks/ et « Is Biden in the Midst of a World Historic Crime against Humanity ? », The Intercept, 15/01/2022 : https://theintercept.com/2022/01/15/deconstructed-podcast-afghanistan-sanctions/

[44] Robert Charvin (dir.) *L'ONU, droits pour tous ou loi du plus fort ?* CETIM, 2005 et Monique et Roland Weyl, *Sortir le droit international du placard*, CETIM, 2008

à la menace ou à l'emploi de la force, soit contre l'intégrité territoriale ou l'indépendance politique de tout État, soit de toute autre manière incompatible avec les buts des Nations Unies. » Le fonctionnement dément rapidement ces principes puisque l'Assemblée générale discute, étudie, propose, formule des recommandations, sachant que le Conseil de sécurité a la haute main sur les décisions majeures de paix et de sécurité. Ce conseil comprend cinq membres permanents victorieux de la Seconde Guerre mondiale et dotés de l'arme nucléaire (« The Big 5 ») et dix membres non permanents élus pour deux ans, à la majorité des 2/3, par l'Assemblée générale. Le privilège des cinq membres permanents réside dans leur droit de veto, dont les États-Unis font le plus grand usage.

L'ambassadeur du Venezuela aux Nations Unies, Samuel Moncada, s'est prononcé lors du XVIIIe Sommet du Mouvement des pays non alignés qui s'est tenu à Bakou, Azerbaïdjan, le 26 octobre 2019. S'adressant aux 120 pays représentés, il a dénoncé l'imposition de mesures arbitraires, appelées « sanctions » par les États-Unis, comme un « terrorisme économique qui touche un tiers de l'humanité avec plus de 8 000 mesures touchant 39 pays ».[45]

En juin 2021, l'Assemblée générale des Nations Unies s'est, pour la 29e fois, prononcée à une écrasante majorité contre l'embargo imposé à Cuba : 184 pays ont voté pour la levée de l'embargo, deux pays (les USA et Israël) contre, trois (le Brésil, la Colombie, l'Ukraine) se sont abstenus. Le président Joseph Biden, qui avait participé à l'assouplissement de

---

[45] Sarah Flounders, « US war on the defenseless / Sanctions harm one-third of the world's people », Workers World, 03/12/2019 : https://www.workers.org/2019/12/44711/ et Sarah Flounders, « La guerre des Etats-Unis contre les sans-défense », Le Saker Francophone, 03/12/2019 : https://lesakerfrancophone.fr/la-guerre-des-etats-unis-contre-les-sans-de-fense?fbclid=IwAR1rdexYk7Oi0O1CnJ0n6D3oe20ZuM0t4W9FIJlNw-6WFT2lG9Ugat7sveU

l'embargo aux côtés de Barack Obama, dont il était le vice-président, n'a annulé aucune des sanctions imposées par Donald Trump.

Le droit international ne s'impose pas aux puissants qui le violent ou l'instrumentalisent aux dépens des peuples récalcitrants. Pour combien de temps encore ? En attendant, des peuples dignes, des dirigeants courageux nous montrent la voie hors de la servitude, vers la libération.

Mots d'introduction

Dr Natalie Benelli
Docteure en sociologie,
présidente d'ALBA Suiza
membre du comité de coordination
de l'Association Suisse-Cuba

Selon la « Déclaration relative aux principes du droit international touchant les relations amicales et la coopération entre les États conformément à la Charte des Nations Unies », l'égalité souveraine des États, leur indépendance politique et leur intégrité territoriale constituent la base des relations égalitaires entre les nations du monde.

Or, les pouvoirs occidentaux - le « Nord » global - bafouent depuis des décennies le droit à la souveraineté nationale, à l'indépendance et à l'autodétermination de toutes les nations, indépendamment de leur système économique, social et politique. Cela surtout lorsqu'il s'agit de pays du « Sud » global, riches en ressources naturelles, occupant des positions géopolitiques importantes ou refusant de se soumettre au diktat des pays dont l'industrie et les forces armées sont plus développées.

L'ingérence des pouvoirs occidentaux dans les pays tiers prend différentes formes : mesures coercitives unilatérales sous forme de sanctions et blocus économiques, commerciaux et/ou financiers ; une guerre médiatique menée par les media de masse dont les reportages se caractérisent souvent par la désinformation, le mensonge et le détournement délibéré de faits concernant la réalité de ces pays, y compris les avancées sociales, culturelles, économiques et politiques en matière de droits humains ; le financement de guerres par procuration et de troupes paramilitaires ainsi que les interventions militaires directes.

Le plus souvent, ces interventions prennent la forme de « guerres silencieuses », ignorées par les médias *mainstream* et, par conséquent, par les populations des pays dont les gouvernements participent activement à ces guerres. Pour les populations sanctionnées, ces guerres ont des conséquences très concrètes.

Depuis les années 1950, les sanctions et blocus économiques, financiers et commerciaux imposés par les gouvernements successifs des États-Unis et leurs alliés en Europe, en Amérique et en Australie tuent des centaines de milliers d'enfants, de femmes et d'hommes dans des pays comme Cuba, l'Iran, l'Irak, le Nicaragua, la République démocratique de Corée, la Syrie, le Venezuela et bien d'autres encore.

Les sanctions et les blocus paralysent les économies des pays concernés en les privant de la possibilité de faire du commerce avec d'autres pays, d'acheter et de vendre des biens et des services sur les marchés internationaux et en les excluant de l'accès au système bancaire international.

Les habitants des pays concernés se voient refuser l'accès à la nourriture, aux soins médicaux et à d'autres services et biens essentiels parce que leurs gouvernements ont choisi leur propre voie pour le développement social, économique, politique et culturel du pays et défendent le droit à la souveraineté nationale et à l'autodétermination.

Voici quelques exemples : au moins 500 000 enfants sont morts suite au blocus économique imposé à l'Irak en 1990 -

un « prix qui en valait la peine », selon les déclarations de Madeleine Albright, alors ambassadrice des États-Unis à l'ONU et plus tard secrétaire d'État.

On estime que 40 000 personnes sont mortes au Venezuela en 2017-2018 à cause des sanctions économiques imposées au gouvernement vénézuélien par le gouvernement des États-Unis. Les sanctions ont rendu pratiquement impossible l'importation de nourriture et de médicaments pour la population. Le secteur bancaire suisse participe également au régime de sanctions. Selon un article publié le 7 juillet 2019 par le *Financial Times*, Thomas Shannon, ancien diplomate du Secrétariat d'État des États-Unis, décrit l'impact des sanctions imposées au Venezuela comme étant comparable au bombardement de Dresde ou de Tokyo.

En Syrie, les sanctions économiques, qui s'ajoutent à la guerre militaire menée contre le pays depuis 2011, affectent massivement la production alimentaire nationale. Idriss Jazairy, Rapporteur spécial sur les effets négatifs des mesures coercitives unilatérales sur l'exercice des droits de l'homme, constate dans son rapport sur sa mission en Syrie de 2018, qu'environ 6,5 millions de personnes en Syrie souffrent de pénurie alimentaire et que 4 millions de personnes sont menacées par de telles pénuries.

Dans l'intention éhontée d'utiliser la crise de Covid-19 pour multiplier la souffrance de la population et augmenter la pression sur les gouvernements des pays sanctionnés, les sanctions et blocus économiques du gouvernement des États-Unis et de ses alliés en Europe ont été intensifiés depuis le déclenchement de la pandémie.

Deux entreprises en Suisse, IMT Medical AG et Acutronic Medical Systems AG, acquises il y a deux ans par l'entreprise états-unienne Vyaire Medical Inc., ont refusé de fournir des ventilateurs à Cuba après avoir reçu l'instruction de cesser leurs relations commerciales avec l'île des Caraïbes. Une société de logistique, dont l'actionnaire principal est une société états-unienne, a refusé de transporter à Cuba des dons d'équipement médical - notamment des masques respiratoires et des tests.

L'Iran, un des pays les plus touchés par la pandémie, est soumis à des sanctions économiques renforcées depuis deux ans, lorsque le président des États-Unis, Donald Trump, a décidé d'une stratégie de pression maximale sur le pays. Les sanctions ont empêché l'Iran de prendre immédiatement les mesures médicales, économiques et sociales nécessaires pour protéger la population contre le coronavirus. La liste des exemples est infinie.

Les auteurs de la présente édition des cahiers du GIPRI fournissent des données de première main sur Cuba, la Syrie et le Venezuela, trois pays soumis à des sanctions et des blocus car ils revendiquent leur droit à la souveraineté nationale et à l'autodétermination. Ils nous racontent aussi comment ces pays réussissent à résister malgré les sanctions illégales.

Mots de bienvenue

Dr. Michele Crogiez Labarthe
Professeur ordinaire de littérature française,
directrice de l'Institut de langue
et de littérature françaises de l'Université de Berne

Je suis très heureuse que le colloque *Souveraineté des États et droit international, Souveränität der Staaten und Völkerrech*t, organisé par le GIPRI, puisse se tenir aujourd'hui 10 octobre 2020 à Berne. L'Université ayant au dernier moment refusé la salle qui avait été promise, nous nous réjouissons que le Musée d'Histoire naturelle ait accepté d'accueillir cette manifestation.

Tout intégrée qu'elle est dans des problèmes politiques, géographiques et géopolitiques d'actualité, la notion de souveraineté est un pilier de la pensée politique. L'usage mesquin qui est fait de cette notion de souveraineté ainsi que de son dérivé « souverainiste » par un certain nombre de commentateurs plus superficiels qu'inspirés a recouvert le mot, dans certains cercles, d'une forme d'infamie floue et impensée. Cette occultation malveillante est inacceptable et il faut bien sûr revenir au sens propre du mot souveraineté, tel que Machiavel et Rousseau ont pu contribuer à le définir. Car l'usage idéologique, polémique et très souvent connoté péjorativement, et cela concerne l'adjectif « souverainiste » encore plus que du substantif « souveraineté », paralyse aujourd'hui trop souvent le nécessaire débat sur le fond. Or le débat de fond est d'une actualité douloureuse et ses enjeux s'articulent à la notion de droit international : il s'agit de savoir si seule la force, la violence et donc concrètement la guerre sous toutes ses formes, y compris économiques ou terroristes, fait droit ou si le droit international existe. La présence des ambassadeurs, dont nous saluons la participation à cette journée, confirme que la définition de la souveraineté n'est pas un exercice rhétorique ou philosophique, elle est une réflexion nécessaire sur l'état du monde, au cœur des relations internationales contemporaines.

La Résistance de la Syrie est fondatrice d'un nouveau monde multipolaire

Dr Ayssar Midani
Analyste politique et
scientifique franco-syrienne

Bonjour, je vous salue. J'aurais bien voulu être parmi vous. Malheureusement, le Covid-19 nous joue des tours pour entraver nos rencontres. Mais de toute façon, on va pouvoir se rencontrer à travers les ondes.

Je voudrais remercier M. Gabriel Galice, président du GIPRI, qui a organisé cette conférence en collaboration avec l'Association Suisse-Cuba et ALBA Suiza.

Je voudrais exprimer toute ma solidarité avec le peuple vénézuélien et le peuple cubain. Je vous salue tous. Je salue aussi tous les intervenants. Je vous remercie d'être là pour cette conférence qui est très importante mondialement à cause de tous les événements qui font la naissance d'un nouveau monde, qui est né à travers ou après la résistance importante du peuple syrien et de son armée face à l'agression américaine pour faire échec au projet américain, sioniste et de l'OTAN du « Nouveau Moyen-Orient ». Cette conférence revêt donc une importance primordiale. Voici les grandes lignes de mon exposé :

Mon exposé s'intéresse aux points essentiels de la Charte de l'Organisation des Nations Unies (ONU) et aux différentes pratiques d'agression des États-Unis. Ces agressions se diversifient d'année en année et deviennent de plus en plus violentes, de plus en plus profondes et vastes, touchant des domaines de plus en plus importants. Il s'agit aussi bien d'agressions par le terrorisme que d'agressions par les médias, les grandes manœuvres et guerres médiatiques et puis les guerres cybernétiques, les guerres par ce qu'on appelle les médias sociaux, l'espionnage et surtout, surtout les guerres menées par les « sanctions » que sont l'embargo. Les sanctions visent effectivement à affamer les peuples pour les mettre à genoux et pour faire plier la tête des dirigeants et des peuples de manière à ce que le diktat américain soit appliqué, quelle que soit la volonté des peuples.

Mais on voit, en fait, que cette période est en train d'être révolue par la résistance des peuples. Je voudrais saluer la résistance du peuple cubain qui subit des pressions et des embargos depuis les années 1960 ; du peuple vénézuélien ; du peuple iranien, sous embargo depuis les années 1970 ; du peuple palestinien qui est partout sous embargo et agressé au quotidien par l'occupant israélien ; et puis, bien sûr, du peuple syrien, du peuple libanais. On est tous en butte aux mesures unilatérales, dites « sanctions », qui sont illégales et qui n'ont absolument rien de légal du point de vue du droit international et de la Charte de l'ONU.

Je voudrais saluer aussi le peuple bolivien. Un salut spécial au président bolivien Evo Morales qui, bien qu'il ait été élu, se retrouve hors de son pays suite à un coup d'État. Et le président Nicolas Maduro qui continue à faire échec aux coups de boutoir américains visant à transformer le Venezuela en chasse-gardée américaine et en une source de pétrole pour les États-Unis en affamant le peuple vénézuélien. Donc merci beaucoup à vous tous.

J'aimerais rappeler les éléments centraux de l'article 2 de la Charte de l'ONU :

1. L'Organisation est fondée sur le principe de l'égalité souveraine de tous ses membres.

3. Les Membres de l'Organisation règlent leurs différends internationaux par des moyens pacifiques, de telle manière que la paix et la sécurité internationales ainsi que la justice ne soient pas mises en danger.

4. Les Membres de l'Organisation s'abstiennent, dans leurs relations internationales, de recourir à la menace ou à l'emploi de la force, soit contre l'intégrité territoriale ou l'indépendance politique de tout État, soit de toute autre manière incompatible avec les buts des Nations Unies.

Clairement, toute la pratique de la politique des États-Unis - je dis États-Unis parce qu'en fait, l'Amérique est un continent, et c'est vrai qu'on a tendance à dire abusivement Amérique au lieu d'États-Unis, mais c'est un mauvais vocable. Il faut mieux toujours dire États-Unis. Depuis longtemps, les États-Unis, et je dirais même depuis la création de l'ONU, les États-Unis et les « grands » pays, entre guillemets, les pays coloniaux comme la France, l'Angleterre, l'Allemagne, etc. n'arrêtent pas de violer la Charte de l'ONU dans leur manière de traiter les peuples, effectivement, avec des simulacres différents.

Après la guerre du Vietnam, le gouvernement des États-Unis a décidé qu'il n'y aura plus d'agression militaire directe de leur part. Pourquoi ? Parce qu'ils ne veulent pas que des soldats états-uniens meurent et que cela leur pose des problèmes à l'intérieur du pays. Du coup, ils ont décidé d'intervenir par « proxies », c'est-à-dire par des gens interposés, soit du pays agressé, soit d'autres pays. Ils l'ont d'ailleurs fait au Vietnam. Ils ont bien utilisé le Vietnam du Sud contre le Vietnam du Nord.

Depuis la déclaration, par George W. Bush, de la guerre contre le terrorisme en 2001 et le bombardement de l'Afghanistan, les États-Unis continuent à s'ingérer dans les affaires de tous les peuples et à bombarder, que ce soit par des drones ou par d'autres moyens, sous des prétextes fallacieux. Ils disent que c'est contre le terrorisme, alors que tout le monde sait que ce sont eux - et ils le disent - qui ont créé le terrorisme. Hillary Clinton l'a écrit dans son livre « Hard Choices ». Donald Trump l'a dit à plusieurs reprises : C'est nous qui avons créé Al-Qaïda pour lutter contre l'Union soviétique. C'est nous qui avons créé Daësh et al-Nosra. On sait bien que Daësh et al-Nosra sont soutenus par les États de l'OTAN.

Je reviens plus vers la Syrie maintenant. La Syrie se bat contre le terrorisme depuis dix ans. Elle se bat contre les ingérences de l'OTAN, des États-Unis et d'Israël depuis 2011. L'OTAN, les États-Unis et Israël ajoutent à leurs différentes formes de terrorisme, le terrorisme le plus barbare, élevé, et je dis bien élevé (comme du bétail à coup de dressage) par les États-Unis dans les prisons de Guantánamo, etc. Des gens y ont été entraînés à couper des têtes, à éventrer des gens, à violer les femmes et à commettre les pires exactions contre la population. C'est un point à part par rapport à la population et par rapport aux êtres humains.

Ils ont aussi été entraînés à détruire l'infrastructure du pays, à viser toutes les structures de défense du pays. Al-Nosra, les terroristes au sud de la Syrie, à la frontière du Golan occupé et de la Palestine occupée qu'on appelle abusivement Israël, ont commencé à viser toutes les défenses aériennes syriennes. La destruction des défenses et de l'infrastructure syriennes, la destruction des ponts, bombardés directement par les Américains, n'est pas un hasard. Tous les ponts sur l'Euphrate ont été détruits complètement dès le début. Toute l'infrastructure, les chemins de fer, l'industrie syrienne, les machines industrielles ont été déboulonnés et mis sur de grands camions partis en Turquie. La Turquie, notre voisin, membre de l'OTAN, a été la tête de pont dans l'agression contre la Syrie - la Syrie a 1800 kilomètres de frontières avec la Turquie : le vol de notre industrie ; la destruction de ce qui n'a pas pu être volé ; la pollution des terres fertiles par le pétrole. Les terroristes ont fait exploser des tuyaux de pétrole puis ont pollué les eaux des barrages alimentant la ville en eau potable et irriguant les terres, etc. Tout ceci ajouté au pillage systématique de toutes les ressources. S'y ajoute l'incendie des récoltes, récemment. Toutes les récoltes ont été incendiées pour affamer le peuple.

Il y a, en plus, une guerre médiatique acharnée pour entrer dans l'esprit des gens. On a vu récemment sur l'antenne de The Gray Zone[46], Aaron Maté[47] et des experts de l'ONU qui montrent à la fois le mensonge, les pressions et la corruption, comment des milliards ont été dépensés en contrats avec des médias *mainstream* pour qu'ils matraquent les gens par des mensonges, constamment et à tour de rôle, avec des scénarios préparés et filmés, par exemple le « cinéma » des attaques chimiques, alors que ce sont les terroristes qui ont attaqué la population avec des armes chimiques. Cependant, on en accuse l'État syrien. Il y a eu des massacres, effectués à travers le pays, qui ont été mis sur le dos de l'État syrien. Non seulement il y a une destruction de vies humaines mais il y a aussi une destruction des esprits des gens par les médias de masse.

De plus, il y a une volonté de provoquer un exode de la population syrienne. Bien sûr, il y a eu des problèmes de réfugiés mais les gens partaient non pas pour fuir le pouvoir du président Bachar el-Assad, comme le disaient les médias, mais pour fuir

---

[46] Aaron Maté, « At UN, Aaron Maté debunks OPCW's Syria lies and confronts US, UK on cover-up », *The Gray Zone*, 18/04/2021 : https://thegrayzone.com/2021/04/18/at-un-aaron-mate-debunks-opcws-syria-lies-and-confronts-us-uk-on-cover-up/

[47]Aaron Maté, « OPCW Syria whistleblower and ex-director attacked by U.S., UK, France at UN », *MR Online*, 15/10/2020 : https://mronline.org/2020/10/15/opcw-syria-whistleblower-and-ex-director-attacked-by-u-s-uk-france-at-un/

les exactions des terroristes qui envahissaient les villages, massacraient les gens dans leurs lits à cinq heures du matin et éventraient les femmes et les enfants. Ce sont vraiment des horreurs que le peuple syrien a vécues. Mais, en même temps, des horreurs et des mensonges sont racontés par tous les médias, pas seulement par les médias occidentaux. Il y a aussi des médias arabes comme Al Arabiya, Al Hourra, Orient, etc. qui ont pactisé avec l'envahisseur pour mettre à genoux le peuple syrien. Tout cela pour faire plier le pouvoir syrien qui lève la tête devant le diktat américain qui veut lui faire reconnaître l'État d'Israël et porter atteinte à l'indépendance politique et surtout économique de la Syrie.

Je voudrais rappeler qu'en 2010, l'État syrien avait zéro dette. C'était un état auto-suffisant. Dans les années 2008, alors que l'Occident se débattait dans ses crises économiques, la Syrie accusait un développement économique annuel de 6 à 7 pour cent malgré le fait que nous sommes sous « sanctions économiques » ou sous « embargo » depuis 1974, tout de suite après la guerre de 1973. En octobre, nous célébrons, la guerre contre l'occupant israélien, cette guerre qui a fait peur et a attisé son élan pour détruire la Syrie avec l'aide des États-Unis et les pays de l'OTAN.

Pour continuer sur les accusations d'attaques chimiques, j'aimerais rappeler les rapports de Seymour Hersh[48], journaliste d'investigation reconnu, et de Theodore Postol[49], professeur

---

[48]Brian Whitaker, « Seymour Hersh on Syria: "There's no such thing as a chlorine bomb" », *Al-Bab*, 27/06/2018 : https://al-bab.com/blog/2018/06/seymour-hersh-syria-theres-no-such-thing-chlorine-bomb

[49]Kai Kupferschmidt, « Scientists clash over paper that questions Syrian government's role in sarin attack », *Science*, 24/09/2019 : https://www.science.org/content/article/scientists-clash-over-paper-questions-syrian-government-s-role-sarin-attack ; Kai Kupferschmidt, « Prestigious journal pulls paper about chemical attack in Syria after backlash », *Science*, 14/10/2019 : https://www.science.org/content/article/prestigious-journal-pulls-paper-about-chemical-attack-syria-after-backlash ; Mark Wolverton, « Behind a Chemical Attack in Syria, a

émérite au Massachusetts Institute of Technology (MIT) qui a travaillé au Pentagone et à Stanford, un expert réputé d'une grande université des États-Unis. Je voudrais rappeler les rapports mêmes de l'ONU et de certaines personnes qui ont été discréditées. Au début, quand Carla del Ponte a affirmé justement que c'étaient les terroristes qui avaient utilisé les armes chimiques à Khan el-Assal dans la région d'Alep en 2013, on lui a retiré le dossier.

La Syrie a résisté malgré tout cela et malgré tous les discours des médias qui visent à diviser la population sur la base du confessionnalisme, sur la base de l'ethnicisme. On a parlé des sunnites contre les chiites, des musulmans contre les chrétiens, etc. Il y a eu un appel aux chrétiens pour qu'ils quittent la Syrie. Tous les pays occidentaux font cet appel. Des milliers de personnes qui sont parties et qui croyaient, malheureusement, à ces appels, sont mortes en mer alors qu'elles essayaient de rejoindre les rives de l'Europe où elles pensaient que la vie est belle. Celles qui y arrivent vivent comme des riens sous des tentes. Elles sont maltraitées et on les pousse comme des malpropres.

Je voudrais aussi mentionner l'utilisation d'une des ethnies qui fait partie intégrante du peuple syrien, les Kurdes. L'Occident, tout le monde a joué sur les Kurdes. La France en particulier a joué sur les Kurdes. L'objectif est de créer un État ou un mini-État dans le nord de la Syrie, la partie la plus riche de la Syrie où il y a du pétrole et du gaz notamment. Les Américains comme leurs alliés de l'OTAN et Israël, qui est très présent dans

---

Lingering Battle Over Blame », *Undark*, 07/08/2020 : https://undark.org/2020/07/08/chemical-weapons-khan-sheikhoun/ ; « Simulations, Craters and Lies: Postol's Latest Attempt to Undermine the Last Vestiges of his Reputation », *Bellingcat*, 13/09/2019 : https://www.bellingcat.com/news/mena/2019/09/13/simulations-craters-and-lies-postols-latest-attempt-to-undermine-the-last-vestiges-of-his-reputation/ ; Rod Barton, « The chemical attack in Syria: Sorting truth from propaganda », *The Interpreter / The Lowy Institute*, 09/05/2017 : https://www.lowyinstitute.org/the-interpreter/chemical-attack-syria-sorting-truth-propaganda le nord-est de la Syrie, insistent. Ils pillent le gaz et le pétrole du peuple syrien et s'en vantent.

La Syrie a résisté aussi avec ses amis. D'abord, j'aimerais remercier la Chine et la Russie. Grâce à leur veto au sein du Conseil de Sécurité de l'ONU, la Syrie n'a pas été envahie militairement. C'est un premier point. Le deuxième point, effectivement, l'Iran a beaucoup aidé. L'Iran est un autre allié stratégique. Une des conditions exigées par l'OTAN et les États-Unis depuis 2003 est que la Syrie coupe les relations avec l'Iran, avec la résistance libanaise et avec la résistance palestinienne. La Syrie refuse. Elle a pactisé avec l'Iran, avec la résistance libanaise, avec la résistance irakienne. À partir de 2015, elle a appelé une amie de longue date, la Russie. La Russie est intervenue en Syrie à partir de 2015. Effectivement, leur intervention a été très positive. Vous allez voir d'ailleurs l'évolution de la carte syrienne entre 2013, quand les terroristes étaient partout, et 2020, quand la Syrie a réussi à récupérer 85 % de son territoire, avec l'aide de la Russie, de nos amis iraniens, du Hezbollah libanais et d'autres parties de la résistance libanaise et syrienne.

La Syrie a pu construire des alliances avec la Chine, avec la Russie, des puissances mondiales. Aujourd'hui, la Russie a un rôle international important dans la résolution de tous les conflits. La résistance de la Syrie fait préfigurer un monde basé sur la souveraineté et sur la reconnaissance de l'autre ainsi que sur la reconnaissance des droits. Ce monde fait revivre la Charte de l'ONU que les États-Unis et les pays de l'OTAN bafouent tous les jours. Aujourd'hui, on se bat effectivement pour la souveraineté, pour le respect des peuples et de leurs droits et pour la non-ingérence militaire.

Je suis très optimiste pour ce nouveau monde qui naît, qui voit le jour. Et j'appelle à ce qu'il y ait une union, à ce que tous les pays qui se battent contre l'hégémonisme fassent un front mondial contre l'hégémonisme et contre l'ingérence et pour des rapports égaux de respect de la souveraineté, gagnant-gagnant, et de respect des peuples. Je vous remercie.

Les principes de l'ordre international : Paix, souveraineté des États et autodétermination des peuples

Dr Alfred de Zayas
Juris Doctor (Harvard), Dr phil. (Göttingen),
professeur invité dans plusieurs universités
(États-Unis, Canada, Allemagne, Espagne, et Suisse),
ancien haut fonctionnaire au Haut-Commissariat aux
Droits de l'Homme, Expert Indépendant des Nations
Unies pour la Promotion d'un Ordre international
Démocratique et Équitable (2012-2018)

Les principes de la souveraineté des États, de l'autodétermination des peuples ainsi que la prohibition de l'ingérence dans les affaires internes des États constituent le droit international coutumier, sont d'ailleurs codifiés dans la Charte des Nations Unies et d'autres traités internationaux et renforcés dans nombreuses résolutions de l'Assemblée générale des Nations Unies.

Hélas, il faut constater que l'on a corrompu le langage de la Charte et même le langage des droits humains, instrumentalisé le droit international afin de poursuivre une guerre non conventionnelle contre les rivaux géopolitiques, entre autres contre plusieurs États perçus comme dissidents face au modèle néo-libéral. Ainsi, on a transformé les droits humains en armes de déstabilisation des États au lieu de les utiliser comme outils de la mise en œuvre de la dignité humaine.

Les droits économiques, sociaux et culturels ne sont pas moins importants que les droits civils et politiques. Mais les États-Unis, le Royaume-Uni et beaucoup de pays de l'Union européenne semble s'intéresser principalement au droit à la propriété privée, au droit du commerce, voire au droit d'investir. C'est pour cela que l'on critique Cuba, le Nicaragua, la Syrie et le Venezuela, parce qu'ils ont osé pratiquer leur droit à l'autodétermination en essayant un modèle économique humaniste, qui place les personnes plus haut que le profit. C'est aussi pour cela que les États-Unis s'abstiennent de condamner les violations de la dignité humaine et les crimes économiques au Brésil, au Chili, en Colombie, au Honduras, en Israël, en Turquie, en Arabie saoudite. On constate qu'il y a apparemment un Droit international à la carte. Même la plupart des rapporteurs spéciaux du Conseil des droits de l'homme évitent certains thèmes et terminent leurs rapports souvent sans creuser, mais pour attirer l'attention, pointer du doigt et blâmer seulement quelques États progressistes. Les rapporteurs indépendants qui osent se prononcer contre le *Zeitgeist* souffrent souvent une sorte de censure de la *damnatio memoriae*. Il y a plusieurs rapporteurs gênants qui ont été systématiquement mis à l'écart avec leurs rapports. De plus, on doit se battre contre une presse qui ignore les rapports non conformes. Il ne s'agit pas seulement des médias qui mentent mais aussi de médias qui suppriment l'information. Encore pire, il faut déplorer ce que j'aimerais décrire comme une sorte d'impunité institutionnelle, la corruption des institutions. On peut se demander ce qu'il faut faire quand on ne peut plus croire aux instances internationales, à la Cour Inter-Américaine des Droits de l'Homme, à la Cour Européenne, ou même a la Cour Internationale de Justice, qui sont plutôt au service des soi-disant "élites" internationales.

Je vous confie que je suis est en train de rédiger un livre sur "l'Industrie des droits humains" pour démontrer la corruption orwellienne du langage des droits humains et son instrumentalisation. Même si Amnesty International, Human Rights Watch, International Service for Human Rights, l'Observatoire Syrien des Droits de l'Homme font du bon travail ici et là, ils ont souvent de fausses priorités, se penchant sur les caprices du politiquement correct et ont ainsi contribué à déformer les Droits humains. On constate aussi une déformation du concept de démocratie dans plusieurs États, une coupure entre les gouvernements et le peuple. En effet, il n'y a pas une vraie démocratie aux États-Unis. On n'a pas la possibilité de voter pour le multilatéralisme, la négociation, les droits humains. Les programmes des démocrates et des républicains convergent, les deux sont pour l'unilatéralisme, le militarisme, Wall Street, Israël. En tant que citoyen américain je n'ai que le choix entre la peste et le choléra.

Comme vous le savez, j'étais le seul rapporteur de l'ONU qui a visité le Venezuela pendant 21 ans. Je peux témoigner que lors de ma visite en novembre/décembre 2017, il n'y avait pas encore de "crise humanitaire" au Venezuela. Bien sûr la situation s'est aggravée depuis 2017 mais la crise économique que le peuple vénézuélien endure n'est pas innocente. Elle est voulue par les États-Unis et elle est artificielle. Elle est la conséquence du blocus financier, des sanctions économiques, du sabotage ciblé, de la violence des *Guarimbas* qui ont attaqué des écoles, des transports publics, des hôpitaux, des installations électriques et téléphoniques, et ont même brûlé vifs sept *Chavistas*.

Mais le Venezuela n'est pas la seule victime de l'impérialisme. Il faut aussi dénoncer les agressions d'Israël, de l'Europe, de l'OTAN, des États-Unis contre la Syrie, contre Cuba, qui d'ailleurs violent même le droit des États-Unis ainsi que la Charte de l'Organisation des États américains (Art.3, 19, 20). Malgré 28 résolutions de l'Assemblée générale des Nations Unies demandant l'abolition du blocus contre Cuba, les États-Unis ont même multiplié les sanctions et augmenté la pression sur l'île de Cuba. Le maintien des blocus illégaux avec tous les morts qu'ils impliquent constitue sans doute un crime contre l'humanité selon l'article 87 du Statut de Rome de la Cour Pénale Internationale. C'est pour cela que je propose l'adoption d'une résolution de l'Assemblée générale condamnant les États-Unis et une autre résolution, selon l'article 96 de la Charte des Nations Unies, portant la question à la Cour Internationale de Justice afin d'obtenir une opinion consultative comme celle concernant l'Afrique du Sud et l'Apartheid.

Je vous rappelle que l'article 103 de la Charte des Nations Unies, la *supremacy clause* (clause de suprématie), stipule que tous les arrangements internationaux doivent être en conformité avec la Charte, donc respecter la souveraineté et l'égalité des États, sans ingérences. Hélas, on a corrompu le droit international et inventé pour ces fins la « R2P » (*Responsibility to Protect* ou responsabilité de protéger), ce qui permettrait aux puissances internationales d'intervenir dans les affaires internes des États sous prétexte de protéger les droits humains de la population. Pourtant, la R2P est incompatible avec l'Art.2 (4) de la Charte. À la rigueur, une soi-disant « intervention humanitaire » pourrait être justifiée à Gaza, au Yémen, au Cachemire mais pas à Cuba ou Venezuela.

Pour avoir dénoncé ce genre de dysfonctionnement, j'ai subi une sorte de censure – même par le Bureau du Haut-Commissaire aux Droits de l'Homme. J'ai écrit mes 14 rapports moi-même, chaque mot, seul, sans l'aide du Secrétariat du Haut-Commissariat, sinon ils auraient été dénaturés. J'ai publié une centaine de communiqués de presse, dont une dizaine a été censurée par le bureau. Mais ce n'est que la pointe de l'iceberg, le pire étant l'autocensure. Je peux parler librement maintenant parce que ma carrière en tant que haut fonctionnaire et en tant que rapporteur des Nations Unies est derrière moi.

Pourtant, quand on est fort dans les arguments on peut arriver à briser la glace et à être entendu. J'en ai fait l'expérience, par exemple en apportant des éléments concrets sur le Venezuela. Ma mission au Venezuela a porté des fruits, qu'il s'agisse de la coopération accrue du gouvernement avec les Nations Unies, notamment par l'établissement d'un bureau du Haut-Commissaire aux Droits de l'Homme à Caracas, de la visite de la Haut-Commissaire Michèle Bachelet, de la libération de centaines de détenus, y compris l'opposant politique Roberto Picon et le journaliste allemand Billy Six. D'ailleurs, il y a de nouveaux accords avec l'ACNUR, l'OMS, la FAO, etc. Le gouvernement vénézuélien a mis en œuvre beaucoup de mes recommandations et j'en suis fier.

La souveraineté de l'État est un principe du droit international qui a été établi lors de la Paix de Westphalie en 1648.[50] C'est aussi un pilier de la Charte des Nations Unies et une composante essentielle de l'ordre international actuel. Brièvement, le principe signifie que chaque État a la légitimité de faire ce qu'il veut au sein de ses frontières et que les autres États sont interdits d'interférer.

En examinant le principe de non-intervention, il est utile de rappeler les articles 1 et 2 de la Charte des Nations, la jurisprudence pertinente de la Cour Internationale de Justice, en particulier dans son jugement du 27 juin 1986 au sujet des activités militaires et paramilitaires au Nicaragua et contre celui-ci (affaire Nicaragua c. États-Unis d'Amérique), ainsi que les articles 3, 19, 20, etc. de la Charte de l'Organisation des États Américains.

---

[50]Alfred de Zayas, "Westphalia, Peace of" in Rudolf Bernhardt, Encyclopedia of Public International Law, vol IV, Elsevier, Amsterdam, 2000, pp. 1465-1469

Dans mon rapport de 2018 au Conseil des Droits de l'Homme concernant ma mission au Venezuela[51] j'ai clarifié la signification de la souveraineté à la lumière du droit à l'autodétermination et du concept de démocratie qui peut avoir plusieurs manifestations, en conformité avec les coutumes et les traditions des différents peuples de la planète. Le rapport considérait en particulier la pertinence des résolutions de l'Assemblée générale sur l'ordre international, notamment la résolution 2625 sur les relations amicales et la coopération entre États, la résolution 3314 sur la définition de l'agression et la résolution 36/104 sur l'inadmissibilité de l'intervention et de l'ingérence dans les affaires intérieures des États. Il y a également le Document final du Sommet mondial de 2005 (résolution A/60/1) qui réaffirme que la démocratie est une valeur universelle basée sur la volonté librement exprimée des peuples de déterminer leur propre système politique, économique, social et culturel, ainsi que leur pleine participation à tous les aspects de leurs vies, que la démocratie, le développement et le respect des droits humains et des libertés fondamentales sont interdépendants et se renforcent mutuellement. Bien que les démocraties partagent des caractéristiques communes, il n'y a pas de modèle unique de démocratie. Beaucoup de ces principes du droit international sont reflétés dans les 28 résolutions de l'Assemblée générale condamnant l'embargo des États-Unis contre Cuba, la dernière (A/Res/74/7) ayant été adoptée le 7 novembre 2019.[52]

---

[51]« Report of the Independent Expert on the promotion of a democratic and equitable international order on his mission to the Bolivarian Republic of Venezuela and Ecuador », A/HRC/39/47/Add.1, Human Rights Council, 39th session, 10-28 September 2018 : https://undocs.org/A/HRC/39/47/Add.1

[52]« Cuba: UN Members overwhelmingly support end of US embargo, as Brazil backs Washington », *UN News*, 07/11/2019 : https://news.un.org/en/story/2019/11/1050891

La Charte des Nations Unies repose sur la philosophie du multilatéralisme, un engagement pour la coopération internationale et l'égalité souveraine des États. Les pays ne doivent pas être isolés et boycottés mais aidés dans le renforcement de leurs institutions démocratiques. Au long des 60 dernières années, des guerres économiques non-conventionnelles ont été lancées entre autres contre Cuba[53], le Chili[54], le Nicaragua[55], la République arabe syrienne[56] et la République bolivarienne du Venezuela afin de pousser leurs économiques à l'échec, de faciliter un changement de régime et d'imposer un modèle socio-économique néo-libéral. Afin de discréditer les gouvernements visés, les échecs dans le domaine des droits humains sont exagérés afin de rendre leur renversement violent plus acceptable.

Les droits humains sont en train d'être transformés en arme contre les puissances rivales. Pourtant, les droits humains sont l'héritage de chaque être humain et ne devraient

[53]« The US embargo against Cuba, Its impact on economic and social rights », *Amnesty International*, 2009 : https://www.amnestyusa.org/pdfs/amr250072009eng.pdf ; « The effects of the US embargo against Cuba and the reasons of the urgent need to lift it », *CETIM*, 11/11/2003 : https://www.cetim.ch/the-effects-of-the-us-embargo-against-cuba-and-the-reasons-of-the-urgent-need-to-lift-it/

[54]« United States of America, Covert Action in Chile, 1963–1973 : staff report of the Select Committee to Study Governmental Operations with Respect to Intelligence Activities », 94th Congress, Washington, 1975 ; National Security Council, « Options Paper on Chile », NSSM 97, 3 No., 1970 ; « National Security Decision Memorandum 93, Policy Toward Chile », 9 November 1970 ; « Report on CIA Chilean Task Force Activities, 15 September to 3 November 1970 »

[55]Peter Kornbluh, « Uncle Sam's money war against the Sandinistas », *The Washington Post*, 27/07/1989 : https://www.washingtonpost.com/archive/opinions/1989/08/27/uncle-sams-money-war-against-the-sandinistas/f78e064a-1ca1-4e07-90d2-bebdeff1717d/

[56]Rania Khalek, « U.S. and EU Sanctions Are Punishing Ordinary Syrians and Crippling Aid Work, U.N. Report Reveals », The Intercept, 28/09/2016 : https://theintercept.com/2016/09/28/u-s-sanctions-are-punishing-ordinary-syrians-and-crippling-aid-work-u-n-report-reveals/

jamais être instrumentalisés en tant qu'armes de diabolisation. Le harcèlement des médias *mainstream* envers le Venezuela est un exemple de premier choix de la manière dont les systèmes des traités relatifs aux droits humains ont été détournés à des fins d'interventions et de changements de régime dirigés par des intérêts étrangers. À la place, des mesures d'inclusion sont nécessaires, comme l'expertise d'organisations internationales telles que le Programme des Nations Unies pour le Développement (PNUD)[57], le Fonds des Nations Unies pour l'Enfance (UNICEF)[58], l'Organisation pour l'Alimentation et l'Agriculture (FAO)[59], l'Organisation mondiale de la Santé[60], le Programme commun des Nations Unies sur le VIH/sida[61], le Haut-Commissariat aux Réfugiés des Nations Unies (UNHCR)[62], l'Organisation internationale du Travail[63], l'Organisation des Nations Unies pour l'Éducation, la Science et la Culture (UNESCO)[64] et l'Organisation panaméricaine de la

[57]Programme des Nations Unies pour le Développement – Venezuela : https://www.ve.undp.org/content/venezuela/es/home/

[58]UNICEF Venezuela : https://www.unicef.org/venezuela/

[59] FAO Venezuela : https://www.fao.org/venezuela/programas-y-proyectos/en/ et https://www.fao.org/venezuela/programas-y-proyectos/lista-de-proyectos/es/

[60] OPS/OMS Venezuela : https://www.paho.org/es/venezuela-republica-bolivariana

[61] UNAIDS Venezuela : https://www.unaids.org/en/regionscountries/countries/venezuela

[62]UNHCR Venezuela : https://www.unhcr.org/venezuela.html

[63] Informations sur le Venezuela et l'OIT/ILO, OIT/ILO : https://www.ilo.org/dyn/normlex/en/f?p=NORMLEXPUB:11110:0::NO::P11110_COUNTRY_ID:102880 ; « Report of the high-level tripartite mission to the Bolivarian Republic of Venezuela (Caracas, 27–31 January 2014) », OIT/ILO, 16/03/2014 : https://www.ilo.org/gb/GBSessions/previous-sessions/GB320/ins/WCMS_237898/lang--en/index.htm

[64] Profil du Venezuela sur le site de l'UNESCO : https://en.unesco.org/countries/venezuela-bolivarian-republic?language=fr

Santé[65], parmi d'autres, qui fournissent des conseils et de l'assistance technique. En effet, un des succès de ma mission fut d'amener toutes ces organisations à discuter d'actions concrètes afin de fournir des conseils et une assistance technique au gouvernement vénézuélien, non pas afin de soutenir l'administration de Maduro mais pour aider le peuple vénézuélien qui souffre sous les mesures coercitives unilatérales et illégales. Heureusement, peu après ma visite, de tels accords furent mis en place entre ces organisations et le gouvernement vénézuélien. Cependant, la politique de pression maximale appliquée par le gouvernement des États-Unis contre le Venezuela a causé un nombre croissant de décès. Cette politique est illégale et est une forme draconienne de « punition collective », qui est contraire au droit international et au droit international humanitaire. Ce type de sanctions économiques visant à asphyxier un pays entier a visiblement tué les personnes les plus vulnérables.[66]

---

[65]Entre 2017 et 2018, grâce à l'OPS, près de 7 millions de vaccins contre la rougeole/oreillons/rubéole et plus de 9 millions de vaccins contre la diphtérie et le tétanos ont été distribués, ainsi que les seringues nécessaires à la vaccination. « Venezuela intensifica su campaña de vacunación contra el sarampión y la difteria », OPS, 10/03/2019 : https://www.paho.org/es/noticias/10-3-2019-venezuela-intensifica-su-campana-vacunacion-contra-sarampion-difteria

[66]Mark Weisbrot et Jeffrey Sachs, « Economic Sanctions as Collective Punishment: The Case of Venezuela », Center for Economic and Policy Research, 25/04/2019 : https://cepr.net/report/economic-sanctions-as-collective-punishment-the-case-of-venezuela/?__cf_chl_f_tk=_r4EhvPwuZIFcWUfhiG-zycFjuwtx37mgmltK6WN2xgM-1642532802-0-gaNycGzNCBE

Les principes de non-intervention[67] et de non-ingérence[68] dans les affaires intérieures des États souverains appartiennent au droit international coutumier et sont des éléments centraux des Buts et Principes des Nations Unies, entérinés par les articles 1 et 2 de la Charte des Nations Unies. Ils ont été réaffirmés dans d'innombrables résolutions de l'Assemblée générale et dans la Déclaration et le programme d'action de Vienne de 1993. L'article 32 de la Charte des droits et devoirs économiques des États, adoptée par l'Assemblée générale de 1974 stipule qu'« aucun État ne peut appliquer ni encourager l'usage de mesures économiques, politique ou de toute autre nature pour contraindre un autre État subordonner l'exercice de ses droits souverains ».[69] Dans son jugement du 27 juin 1986 concernant l'affaire *Nicaragua c. États-Unis d'Amérique*, la Cour Internationale de Justice s'est reposée entre autres sur la résolution 2625 (XXV) de l'Assemblée générale qui stipule que « Tous les États doivent aussi s'abstenir d'organiser, d'aider, de fomenter, de financer, d'encourager ou de tolérer des activités armées subversives ou terroristes destinées à changer par la violence le régime d'un autre État ainsi que d'intervenir dans les luttes intestines d'un autre État ».[70] Dans le contexte du système interaméricain, la Cour a cité la Convention de La Havane concernant la neutralité maritime, qui a été confirmée

[67]Marcelo Kohen, « The principle of non-intervention 25 years after the Nicaragua judgment », *Leiden Journal of International Law*, vol. 25, 2012 ; Meinhard Schroeder, « Non-Intervention, Principle of » in Bernhardt (ed.), *Encyclopedia of Public International Law*, Vol. III pp. 619-622, Elsevier, Amsterdam 1997

[68]Naigen Zhang, « The principle of non-interference and its application in practices of contemporary international law », *Fudan Journal of the Humanities and Social Sciences*, vol. 9, No. 3, September 2016

[69]« Déclaration relative aux principes du droit international touchant les relations amicales et la coopération entre les États conformément à la Charte des Nations Unies », Résolution 2625 de l'Assemblée générale des Nations Unies, Session XXV, 24 octobre 1970

[70]Ibid.

par la résolution 78 adoptée par l'Assemblée générale de l'Organisation des États Américains le 21 avril 1972, qui « ...rappel[a] solennellement aux États membres de l'Organisation des États Américains qu'ils doivent observer strictement les principes de non-intervention et d'autodétermination des peuples en tant que moyen d'assurer entre eux une coexistence pacifique » et « réaffirm[a] l'obligation qu'ont lesdits États de s'abstenir d'appliquer des mesures économiques, politiques ou de toute autre nature que ce soit pour exercer une coercition sur un autre État et obtenir de lui des avantages de quelque ordre que ce soit ».[71] De même, le chapitre 4, article 19 de la Charte de l'Organisation des États Américains stipule qu'« Aucun État ou groupe d'États n'a le droit d'intervenir directement ou indirectement, pour quelque motif que ce soit, dans les affaires intérieures ou extérieures d'un autre État. Le principe précédent exclut l'emploi, non seulement de la force armée, mais aussi de toute autre forme d'ingérence ou de tendance attentatoire à la personnalité de l'État et aux éléments politiques, économiques et culturels qui la constituent ».[72]

L'incompatibilité des mesures coercitives unilatérales avec le droit international, en particulier la Charte des Nations Unies est un autre point important. Les professeurs de droit international sont généralement d'accord avec le fait que l'ordre mondial établi par la Charte des Nations Unies est plus important que les autres traités internationaux ou régionaux, et impose des obligations positives et négatives aux États membres, y compris les États-Unis d'Amérique et l'Union européenne. Ceci est stipulé dans l'article 103 de la Charte,

---

[71]Résolution 78 (II-0/72) de l'Assemblée générale de l'Organisation des États américains, deuxième session ordinaire, Washington D.C., 11 au 21 avril 1972

[72]Charte de l'Organisation des États américains : http://www.oas.org/dil/french/traites_A-41_Charte_de_l_Organisation_des_Etats_Americains.htm#ch4

connu également comme la **clause de suprématie**. La question qui se pose est dans quelle mesure, à la lumière de la Charte des Nations Unies, les mesures coercitives unilatérales pourraient être considérées comme compatibles avec le droit international moderne ? La réponse orthodoxe est que *seules* les sanctions imposées par le Conseil de Sécurité conformément au Chapitre VII peuvent être considérées comme légales. L'article 41 de la Charte stipule que « Le Conseil de sécurité peut décider quelles mesures n'impliquant pas l'emploi de la force armée doivent être prises pour donner effet à ses décisions ».[73] Cependant, même les décisions et les résolutions du Conseil de Sécurité doivent être compatibles avec les buts et principes énoncés aux articles 1, 2, 55 et 56 de la Charte des Nations Unies et ne pas violer les normes fondamentales du droit international, du droit international coutumier ou les traités tels que le Pacte international relatif aux droits civils et politiques et le Pacte international relatif aux droits économiques, sociaux et culturels, qui stipule entre autres le droit à la vie, le droit à la santé et le droit aux soins médicaux. Permettez-moi de citer la Déclaration et le programme d'action de Vienne de 1993, qui appelle les États à « s'abstenir de toutes mesures unilatérales... qui créent des obstacles aux relations commerciales entre les États et empêchent la pleine réalisation des droits humains tels qu'exposés dans la Déclaration universelle des droits de l'homme ».[74]

Il est utile de rappeler que rien dans la Charte des Nations Unies ne peut être lu comme autorisant de quelque manière que ce soit les mesures coercitives unilatérales, qui sont incompatibles avec les principes généraux du droit international, qui violent l'interdiction de l'ingérence dans les affaires intérieures des autres États et violent leur souveraineté. En d'autres

---

[73] Chapitre VII, article 41 de la Charte des Nations Unies : https://www.un.org/fr/about-us/un-charter/chapter-7

[74] Déclaration et programme d'action de Vienne, OHCHR, 25/06/1993 : https://www.ohchr.org/EN/ProfessionalInterest/Pages/Vienna.aspx

mots, il n'y a pas de « base légale » pour les mesures coercitives unilatérales. Un problème se pose lorsque de nombreux États puissants deviennent des États voyous, ignorent délibérément leurs obligations *erga omnes*, violent le droit international et le font avec impunité. L'argument égoïste que la nouvelle pratique étatique a ainsi fait émerger est fallacieux. Cet argument fondamentalement erroné tombe à plat car il est incompatible avec les principes généraux du droit (article 38 du Statut de la CIJ) tels que *ex injuria non oritur jus* (aucune nouvelle loi ne peut émerger d'une violation de la loi). Le concept même d'état de droit rejette la proposition selon laquelle une violation d'une norme invalide cette norme. La situation est différente : une violation du droit international se produit et pour le moment elle ne peut pas être annulée en l'absence d'un mécanisme effectif d'exécution. Il y a de nombreux précédents historiques, comme les politiques d'Apartheid qui étaient clairement incompatibles avec le droit international, les droits humains, les opinions consultatives de la Cour Internationale de Justice, les résolutions du Conseil de Sécurité et cette situation injuste persista durant des décennies, en partie à cause de la complicité de nombreux membres de la communauté internationale qui continuaient d'en tirer profit.

Le 7 novembre 2019, l'Assemblée générale des Nations Unies adoptait sa 28e résolution condamnant l'embargo contre Cuba (A/RES/74/7), quasiment à l'unanimité. Cette résolution sur la « Nécessité de lever le blocus économique, commercial et financier appliqué à Cuba par les États-Unis d'Amérique » peut être vue comme une *réaffirmation de la loi* sur les sanctions unilatérales. Dans son préambule, la résolution a réaffirmé « l'égalité souveraine des États, la non- intervention et la non-ingérence dans leurs affaires intérieures ainsi que la liberté du commerce et de la navigation, qui sont aussi des principes fondamentaux du droit international ».[75] Elle a exprimé

[75]« Nécessité de lever le blocus économique, commercial et financier appliqué à Cuba par les États-Unis d'Amérique », Résolution

de manière plus approfondie sa préoccupation quant au « fait que des États membres continuent d'adopter et d'appliquer des lois et règlements, tels que la loi dite « Helms-Burton », adoptée le 12 mars 1996, dont les effets extraterritoriaux portent atteinte à la souveraineté d'autres États et aux intérêts légitimes d'entités ou de personnes relevant de leur juridiction ainsi qu'à la liberté du commerce et de la navigation ». Dans son paragraphe 2, la résolution « redemande à tous les États de s'abstenir de promulguer et d'appliquer des lois et mesures du type de celles qui sont mentionnées dans le préambule de la présente résolution, conformément aux obligations qui leur incombent, en vertu de la Charte des Nations Unies et du Droit international, qui réaffirment notamment la liberté du commerce et de la navigation ». Cette résolution a aussi exhorté tous les « États qui continuent d'appliquer des lois ou mesures de ce type de faire le nécessaire pour les abroger ou les annuler dès que possible, dans le respect de leur législation ».

Cette résolution illustre le fait que la primauté de la Charte des Nations Unies implique une restriction des prérogatives d'un État dans les relations internationales. Une opinion plus ancienne sur les sanctions unilatérales les justifie en tant que forme de « rétorsion » ou de « contre-mesure » contre un État qui a violé le droit international. La charge de la preuve a cependant toujours reposé sur l'État sanctionneur qui doit prouver au préalable la conduite illégale de l'État sanctionné. Cette exigence a rarement été satisfaite. C'est pourquoi la meilleure opinion (bien qu'elle soit une doctrine inapplicable du droit international) est que les États ont renoncé aux mesures coercitives unilatérales et ont reconnu que les sanctions économiques ne peuvent être imposées que par le Conseil de Sécurité. Ceci, comme nous le savons à partir de la réalité des sanctions unilatérales contre Cuba, l'Iran, la Corée du Nord, la Sy-

---

A/RES/74/7 de l'Assemblée générale des Nations Unies, 7 novembre 2019 : https://undocs.org/pdf?symbol=fr/A/RES/74/7

rie et le Venezuela, reste une doctrine valide du droit international mais elle n'a pas encore été mise en pratique. Les sanctions imposées par les États-Unis ne visent pas à persuader les États visés de renoncer à leur « conduite illégale » mais sont ouvertement conçues comme une stratégie de changement de régime. Plusieurs rapporteurs des Nations Unies ont condamné les mesures coercitives unilatérales comme étant incompatibles avec la Charte des Nations Unies mais les rapporteurs sont un peu plus qu'une assemblée de Cassandre. Ce qui est nécessaire est une opinion consultative de la Cour Internationale de Justice déclarant sans équivoque que les sanctions unilatérales sont contraires à la lettre et à l'esprit de la Charte des Nations Unies et constituent dans certains cas des crimes contre l'humanité. Les États qui imposent des sanctions et prétendent qu'elles sont légales ne sont pas impartiaux mais agissent en tant que *judex in causa sua*.

Malgré ce qui précède, il doit être dit que toute sanction économique n'est pas *ipso facto* illégale ou contraire à la Charte des Nations Unies. En effet, les embargos sur les ventes d'armes peuvent être justifiables contre des pays comme l'Arabie Saoudite ou la Libye, afin de faciliter le dialogue et les négociations de paix mais les sanctions économiques qui font souffrir les populations innocentes contreviennent à l'esprit et à la lettre de la Charte des Nations Unies. Encore et encore, les organes des Nations Unies ont condamné les mesures coercitives unilatérales.[76] En particulier dans l'étude majeure publiée

[76]« Human Rights Council holds biennial panel discussion on unilateral coercive measures and human rights », OHCHR, 14/09/2017 : https://www.ohchr.org/EN/NewsEvents/Pages/DisplayNews.aspx?NewsID=22072&LangID=E ; le Mouvement des Pays Non-Alignés a aussi condamné les sanctions de manière répétée, voir « Communique of the Non-Aligned Movement in Solidarity with Venezuela », *Venezuelanalysis*, 20/01/2017 : https://venezuelanalysis.com/analysis/12896

en 2000 par la Sous-Commission de la Promotion et de la Protection des Droits de l'Homme[77], qui documente l'impact néfaste de ces mesures sur les droits humains, ainsi que dans le rapport thématique de 2012 de la Haut-Commissaire des Nations Unies aux Droits de l'Homme, Navi Pillay.[78] Le 23 mars 2018, le Conseil des Droits de l'Homme a condamné les mesures coercitives unilatérales avec 28 voix pour, 15 contre et 3 abstentions, rappelant que les sanctions économiques causent manifestement la mort, aggravent les crises économiques, perturbent la production et la distribution de nourriture et de médicaments, constituent un facteur de poussée générant de l'émigration et mènent à des violations des droits humains. Le 21 mars 2019, le Conseil a adopté une résolution similaire.[79]

---

[77]Marc Bossuyt, « The adverse consequences of economic sanctions on the enjoyment of human rights », OHCHR, 05/04/2012 : https://www.ohchr.org/Documents/Events/WCM/MarcBossuyt_WorkshopUnilateralCoerciveSeminar.pdf ; « Conséquences néfastes des sanctions économiques », Résolution de la Sous-Commission des Droits de l'Homme 2000/25, OHCHR, 18/08/2000 : https://ap.ohchr.org/documents/F/SUBCOM/resolutions/E-CN_4-SUB_2-RES-2000-25.doc

[78]« Étude thématique du Haut-Commissariat aux droits de l'homme sur les effets des mesures coercitives unilatérales sur l'exercice des droits de l'homme, comportant des recommandations sur la façon de mettre fin à ces mesures », Rapport annuel du Haut-Commissaire des Nations Unies aux Droits de l'Homme, A/HRC/19/33, Conseil des Droits de l'Homme, 19e session, 11/01/2012 : https://undocs.org/fr/A/HRC/19/33

[79]En faveur (27) : Angola, Bahamas, Bahraïn, Bangladesh, Burkina Faso, Cameroun, Chili, Chine, Cuba, République Démocratique du Congo, Égypte, Érythrée, Fidji, Inde, Irak, Népal, Nigéria, Pakistan, Philippines, Qatar, Rwanda, Arabie Saoudite, Somalie, Afrique du Sud, Togo, Tunisie et Uruguay.

Contre (15) : Australie, Autriche, Brésil, Bulgarie, Croatie, République tchèque, Danemark, Hongrie, Islande, Itale, Japo, Slovaquie, Espagne, Ukraine et Royaume-Uni.

Abstentions (5) : Afghanistan, Argentine, Mexique, Pérou et Sénégal.

Il est particulièrement honteux de noter qu'en novembre 2017 la Colombie avait refusé de fournir des médicaments antipaludéens, des médicaments qui avaient été commandés afin de combattre une épidémie[80], ainsi que l'absence de condamnation de la part de la communauté internationale, ce qui implique une responsabilité conjointe dans l'aggravation de la crise. Dans cette affaire-là, les médicaments antipaludéens durent être importés depuis l'Inde.

Ce qui particulièrement pertinent et urgent aujourd'hui est d'aborder la question de savoir si les sanctions peuvent être considérées comme des crimes contre l'humanité conformément à l'article 7 du Statut de Rome de la Cour Pénale Internationale. Une enquête serait appropriée mais la soumission géopolitique de la Cour pourrait l'empêcher. Une chose que nous devons réaliser est que les sanctions économiques et les blocus financiers [81] contemporains sont comparables aux sièges médiévaux des villes avec l'intention de les forcer à se rendre. Les sanctions du vingt-et-unième siècle ne cherchent pas seulement à mettre des villes à genoux mais aussi des pays

---

[80]« Santos bloquea venta de medicamentos a Venezuela », *Colombia Informa*, 05/11/2017 : http://www.colombiainforma.info/santos-bloquea-venta-de-medicamentos-a-venezuela/ ; Cira Pascual Marquina, « Upsurge of Malaria in Venezuela Sparks Concern », *Venezuelanalysis*, 25/04/2018 : https://venezuelanalysis.com/news/13782 ; « Denunció Maduro: Sistema Euroclear tiene secuestrados 1.200 millones de euros venezolanos », *Alba Ciudad 96.3 FM*, 01/05/2018 : https://albaciudad.org/2018/05/denuncio-maduro-sistema-euroclear-tiene-secuestrados-1-200-millones-de-euros-venezolanos/

[81] Pasqualina Curcio, *La Mano Visible del Mercado*, Caracas 2016 ; Pasqualina Curcio, *Hiperinflación : Arma imperial*, Caracas 2018 ; Pasqualina Curcio, « Hiperinflación, arma imperial », Aporrea, 17/11/2018 : https://www.aporrea.org/tiburon/a271967.html ; « Pasqualina Curcio pone en evidencia al imperialismo en "El Comando Sur y la vergonzosa Asamblea Nacional 2016-2020" », *El Perro y la Rana* : http://www.elperroylarana.gob.ve/pasqualina-curcio-pone-evidencia-al-imperialismo-comando-sur-la-vergonzosa-asamblea-nacional-2016-2020/ ; Pasqualina Curcio, « Acelerar el colapso », *15 y Último*, 18/02/2019 : https://15yultimo.com/2019/02/18/acelerar-el-colapso/

souverains. Les blocus contemporains peuvent aussi être comparés aux blocus menés durant la Seconde Guerre mondiale. Ainsi, nous nous rappelons que le siège nazi de Leningrad, durant près de 900 jours, a causé 670.000 morts selon les sources russes et dont un nombre significatif peut être attribué à la famine. D'autres estimations indiquent un nombre de victimes plus élevé allant jusqu'à un million.

Une autre différence, peut-être, est que les sanctions du vingt-et-unième siècle sont accompagnées de la manipulation de l'opinion publique à travers les « fake news », des campagnes de relations publiques agressives et une pseudo-rhétorique des droits de l'Homme afin de donner l'impression que la finalité des droits humains justifie des moyens criminels. Il n'y a pas seulement un monde juridique horizontal gouverné par la Charte des Nations Unies et les principes de l'égalité souveraine mais aussi un ordre mondial vertical reflétant la hiérarchie d'un système géopolitique qui relie les États dominants avec le reste du monde en fonction de la puissance militaire et économique. C'est ce dernier, ce système géopolitique qui commet des crimes géopolitiques, dans l'impunité totale jusqu'à ce jour. Les politiques d'asphyxie économique telles qu'elles sont pratiquées contre le peuple du Chili, de la République démocratique populaire de Corée, le Nicaragua et la République arabe syrienne sont criminelles mais les médias *mainstream* omettent ou amoindrissent le niveau de souffrances ainsi que les morts, allant jusqu'à soutenir parfois que ces sanctions sont « ciblées » et qu'elles affectent seulement les officiels du gouvernement concerné, et non pas les populations des pays concernés.

En janvier 2018, le correspondant au Moyen-Orient du Financial Times, Patrick Cockburn, a écrit sur les sanctions affectant la Syrie. Il y a généralement une tromperie quant au fait que la nourriture et l'équipement médical soient autorisés et il n'y a aucune mention des obstacles financiers et réglementaires rendant leur fourniture impossible. Un exemple de cela sont les sanctions draconiennes imposées à la Syrie par les États-Unis et l'Union européenne qui sont supposées viser le Président Bachar el-Assad et aider à le retirer du pouvoir. Ces sanctions ont entièrement échoué à atteindre ce but et un rapport interne de l'ONU[82], qui a fuité en 2016, montre de manière très convaincante l'effet de l'embargo sur l'arrêt de la fourniture d'assistance par les agences d'aide internationales. Celles-ci ne peuvent pas importer l'aide malgré leurs autorisations car les banques et les compagnies commerciales n'osent pas prendre le risque d'être pénalisées pour avoir eu quelque chose à voir avec la Syrie. Le rapport cite un médecin européen travaillant en Syrie et disant que « l'effet indirect des sanctions rend l'importation d'instruments médicaux et d'autres fournitures médicales extrêmement difficile, voire impossible ».[83]

En bref, les sanctions économiques tuent. De plus, elles violent les engagements pris par les États membres des Nations Unies conformément aux articles 55 et 56 de la Charte des Nations Unies, contreviennent à leurs engagements contraignants conformément au Pacte international relatif aux droits civils et politiques, au Pacte international relatif aux droits économiques, sociaux et culturels, et rendent impossible l'accomplissement des Objectifs de développement durable. Le Bureau du Haut-Commissariat aux Droits de l'Homme des Nations Unies a organisé de nombreux ateliers

---

[82]Justine Walker, « Humanitarian Impact of Syria-Related Unilateral Restrictive Measures », National Agenda for the Future of Syria, Office of the United Nations Resident Coordinator in the Syrian Arab Republic / United Nations Economic and Social Commission for Western Asia / Swiss Agency for Development and Cooperation, 16/05/2016 : https://s3.documentcloud.org/documents/3115191/Hum-Impact-of-Syria-Related-Res-Eco-Measures-26.pdf

[83]Patrick Cockburn, « It's time we saw economic sanctions for what they really are – war crimes », The Independent, 19/01/2018 : https://www.independent.co.uk/voices/economic-sanctions-north-korea-syria-hospital-supplies-a8168321.html

sur les mesures coercitives unilatérales, auxquels Marc Bossuyt, Idriss Jazaïry et moi-même – parmi de nombreuses autres personnes – avons participé. Je l'ai dûment fait apparaître dans mon rapport de 2013 au Conseil des Droits de l'Homme[84] et à l'Assemblée générale[85], ainsi que dans les rapports subséquents. Le Comité consultatif du Conseil des Droits de l'Homme a produit un rapport indispensable sur cette question en 2015.[86]

Mon rapport final présenté au Conseil des Droits de l'Homme en mars 2018 résumait les réussites du mandat sur l'ordre international et concluait ainsi :

« Un ordre international démocratique et équitable repose nécessairement sur les principes de multilatéralisme et de solidarité internationale. Son but est de promouvoir une culture de paix et de dialogue entre les nations et les peuples, dans laquelle la souveraineté des États est pleinement respectée et dans laquelle, dans tous les pays, les membres de la société civile ont suffisamment d'espace pour s'exprimer, jouir de leurs droits individuels et collectifs et préserver leurs traditions, leur culture et leur identité. Il n'est pas inutile de rappeler qu'un ordre international démocratique et équitable est un

---

[84] Alfred-Maurice de Zayas, « Report of the Independent Expert on the promotion of a democratic and equitable international order », A/HRC/24/38, 24e session, OHCHR, 01/07/2013 : https://ap.ohchr.org/documents/dpage_e.aspx?si=A/HRC/24/38

[85] Alfred-Maurice de Zayas, « Report of the Independent Expert on the promotion of a democratic and equitable international order », A/68/284, 68e session, Assemblée générale des Nations Unies, 07/08/2013 : https://ap.ohchr.org/documents/dpage_e.aspx?si=A/68/284

[86] « Rapport intérimaire fondé sur des travaux de recherche du Comité consultatif du Conseil des droits de l'homme comportant des recommandations relatives aux mécanismes visant à évaluer les effets négatifs des mesures coercitives unilatérales sur l'exercice des droits de l'homme et à promouvoir le principe de responsabilité », A/HRC/28/74, 28e session, Conseil des Droits de l'Homme, 10/02/2015 : https://ap.ohchr.org/documents/dpage_f.aspx?si=A/HRC/28/74

ordre dans lequel peuples et nations sont équitablement représentés, non seulement à l'Assemblée générale mais aussi dans les institutions financières régionales et internationales, et peuvent exercer pleinement leur droit à l'autodétermination, et dans lequel le droit à la paix est reconnu dans ses dimensions individuelles et collectives, et les mesures coercitives unilatérales interdites ».[87]

[87]Alfred-Maurice de Zayas, « Rapport de l'Expert indépendant sur la promotion d'un ordre international démocratique et équitable », A/HRC/37/63, 37e session, Conseil des Droits de l'Homme, 26 février-23 mars 2018 : https://undocs.org/fr/A/HRC/37/63

Le mythe de la « souveraineté européenne » Lecture d'un discours d'Emmanuel Macron

Dr François Asselineau
Inspecteur général des Finances en disponiblité,
président-fondateur de l'Union Populaire Républicaine

Le 26 septembre 2017, Emmanuel Macron, président de la République française nouvellement élu, a prononcé un long discours dans le grand amphithéâtre de la Sorbonne. Présenté par les médias français comme une volonté de « refonder l'Europe », cet exposé était intitulé « Initiative pour l'Europe. Discours pour une Europe souveraine, unie, démocratique ».[88] Emmanuel Macron y a prononcé vingt-quatre fois les mots « souverain » ou « souveraineté » et a utilisé deux fois l'expression de « souveraineté européenne ».

---

[88]Le texte de ce discours est consultable sur le site web de l'Élysée : https://www.elysee.fr/emmanuel-macron/2017/09/26/initiative-pour-l-europe-discours-d-emmanuel-macron-pour-une-europe-souveraine-unie-democratique

C'est dire si la question d'une « souveraineté européenne » semble être au centre de la pensée de l'actuel chef de l'État. Le discours de la Sorbonne du président de la République française prétend ainsi être une sorte de feuille de route de ce qu'il faut faire pour parvenir à la « souveraineté européenne ». Il est donc intéressant de l'étudier de très près, tout en soulignant d'emblée que M. Macron a sorti ce document de son chapeau, tout seul, mettant ainsi les autres chefs d'État et de gouvernement de l'Union européenne devant le fait accompli. Et c'est bien là que le bât blesse. Comme celui de Macron, tous les projets envisagés en France depuis des décennies pour « réformer », refonder », « changer », « relancer » l'Europe l'ont toujours été à l'intérieur du boulevard périphérique parisien, sans s'aviser de demander à tous les autres peuples ce qu'ils en pensaient, ni donc envisager les obstacles qui pouvaient s'opposer à leur réalisation.

Dans son exposé, le chef de l'État français a utilisé quarante-six fois l'expression « nous devons », trente-sept fois le verbe « doit », une fois le mot « devoir » et vingt fois l'expression « il faut ». Soit cent fois l'énoncé d'une admonestation, d'un avertissement, d'une critique, d'une désapprobation, d'une mise en garde, d'une exhortation ou d'une imploration. L'intervention du président de la République ayant duré 1 heure et 38 minutes, cela signifie que, pour parvenir à la « souveraineté européenne » qu'il appelle de ses vœux, M. Macron a énoncé publiquement un nouveau devoir ou une nouvelle tâche à réaliser toutes les cinquante-six secondes. En revanche, dans ce même discours, on ne trouve pas une seule fois les mots ou expressions : « géopolitique », « droit international », « ingérence » « ou « non-ingérence », « impérialisme », l'interrogation « Que pensent ? « [que pensent les peuples ? les autres, etc.]. On ne trouve aucune fois non plus « intérêts nationaux », « élection nationale », « démocratie nationale », « identité nationale », « électeur », « traditions », « obstacle »,

« bilan », « pragmatique », « réaliste » « ou « irréaliste », « contradiction » ou « contradictoire », « possibilité » ou « impossibilité ». Le discours n'emploie qu'une seule fois le mot « concret », dans la phrase : « Cet esprit pionnier et concret, c'est celui du traité de l'Élysée [traité franco-allemand de 1963] », et une seule fois le mot « impossible », dans la phrase : « À ceux qui disent que la tâche est impossible, je réponds : vous vous êtes habitués à la résignation, pas moi ».

Cette analyse sémantique révèle que le discours de Macron qui visait à « refonder l'Europe » et à promouvoir une « souveraineté européenne » a formulé des obligations et des desiderata une fois par minute ; mais n'a pas dit un mot de tous les obstacles qui ont empêché cette « souveraineté européenne » de se concrétiser depuis le traité de Rome du 25 mars 1957, soit depuis soixante-trois ans ; et n'a pas dit un mot non plus des raisons pour lesquelles cette « souveraineté européenne » pourrait encore jouer les arlésiennes pendant des décennies… Le discours de Macron sur la souveraineté européenne est donc, très exactement, un discours de nature idéologique, c'est-à-dire un discours clos, porteur d'une vision téléologique de l'histoire, qu'aucun événement, aucun bilan, ni aucun raisonnement ne saurait contredire. Si nous voulons mesurer la possibilité de bâtir concrètement une « souveraineté européenne », nous devons quant à nous sortir de ce brouillard idéologique, en commençant par examiner très prosaïquement ce qu'il est advenu, plus de quatre ans après, de toutes ces propositions lancées par Emmanuel Macron. Or, quatre ans après… il ne s'est rien passé.

Rappelons d'abord une définition essentielle en droit international. Un État est dit « souverain » lorsqu'il répond à quatre critères :

– il est délimité par des frontières territoriales établies ;

– ses lois s'appliquent à une population précise permanente à l'intérieur de ces frontières ;

– il est gouverné par des institutions qui lui permettent d'exercer une autorité et un pouvoir effectif ;

– enfin il n'est subordonné à aucun autre État.

Reprenons maintenant l'essentiel des propositions qui figuraient dans ce discours de la Sorbonne. La première proposition concernait la défense européenne : Emmanuel Macron avait proposé la constitution d'une « force commune d'intervention ». Une « Initiative européenne d'intervention » a certes été lancée neuf mois plus tard, le 25 juin 2018. La France et douze autres pays européens en font partie : l'Allemagne, la Belgique, le Danemark, l'Espagne, l'Estonie, l'Italie, les Pays-Bas, le Portugal, la Finlande, la Suède, la Norvège et le Royaume-Uni. Mais il faut noter aussitôt que la Norvège et le Royaume-Uni, qui participent à cette « Initiative », n'appartiennent pas à l'Union européenne et que, a contrario, vingt États membres de l'Union européenne n'y sont pas associés. Sauf à vouloir jouer sur la polysémie du mot « Europe », on ne saurait y voir l'attribut en devenir d'une « Europe souveraine », puisque le périmètre de cette « Initiative » est fort différent de celui de l'Union européenne. Or, ce sont deux critères essentiels de la souveraineté en droit international, on vient de le rappeler. Elle doit s'exercer sur un territoire précis et au nom d'un peuple précis. On ne peut pas avoir une « Europe souveraine » si son périmètre territorial et démographique est aussi mutant que le virus de la grippe, et différent selon chaque sujet ! La prétendue « défense européenne » en cours de gestation est d'autant plus éloignée de la défense d'une « Europe souveraine » que l'« Initiative » en question se place clairement en partenariat avec l'OTAN et même, lâchons le mot, sous la tutelle de l'Organisation atlantique, conformément à l'article 42 du traité sur l'Union européenne.

Cette « Initiative » est même un moyen discret, pour les gouvernements de la Suède et de la Finlande, de se rapprocher de l'OTAN – dont ils ne font toujours pas partie malgré les pressions américaines – sans avoir à le déclarer à leurs populations respectives, majoritairement hostiles à cette idée…

La deuxième proposition portait sur l'immigration : Emmanuel Macron avait proposé de créer un « véritable office européen de l'asile, qui accélère et harmonise nos procédures ». Quatre ans après, le blocage est total, tant les différents États membres ont des politiques opposées vis-à-vis de l'immigration, notamment du fait de leurs positions géographiques respectives et du poids de cette question lors des élections nationales dans chacun d'entre eux. Non seulement « l'office européen de l'asile » n'a pas vu le jour, mais l'espace Schengen a été remis en cause. Plusieurs États rejettent ouvertement le « règlement de Dublin ». On notera au passage que l'espace Schengen a toujours été refusé par des pays membres de l'Union européenne (naguère le Royaume-Uni, et aujourd'hui l'Irlande) et qu'il inclut en revanche des pays qui n'en sont pas membres, comme l'Islande, la Norvège ou la Suisse. Comme précédemment pour l'Initiative de défense, le périmètre de Schengen étant disjoint de celui de l'UE, ce serait un abus de langage et une erreur conceptuelle de voir en lui l'attribut d'une « souveraineté européenne ».

La troisième proposition portait sur une justice européenne : Emmanuel Macron avait proposé d'instituer un Parquet européen contre la criminalité organisée et le terrorisme pour faire face à « l'internationale du terrorisme » et mettre en œuvre « l'Europe de la sécurité ». En réalité, ce projet de Parquet européen avait été lancé par la Commission européenne depuis 2013, soit quatre ans avant le discours de Macron. Trois ans après, un Parquet européen a certes vu le jour, début novembre 2020, mais il constitue un triple échec pour Macron et pour la

France. D'une part, les autres États-membres ont refusé de voir ce Parquet européen s'occuper de la criminalité organisée et du terrorisme, comme le souhaitait la France. Il ne s'intéressera qu'aux transactions financières transfrontalières, ce dont s'occupe déjà Tracfin. D'autre part, les parlementaires européens ont rejeté le candidat présenté par la France pour la présidence de ce Parquet européen, alors qu'il avait été choisi par le Conseil européen conformément au souhait de Paris. Enfin, le futur Parquet a décidé de rejeter la langue française : c'est en anglais que seront diligentés les travaux, et cela, alors qu'il n'y a aucun pays anglophone parmi les vingt-deux États qui l'ont rejoint. On notera de plus que la proposition du président de la République française de « souveraineté européenne », dont ce Parquet dit « européen » était supposé être une manifestation, était très hypocrite. En fait, Macron espérait bien remporter la mise pour promouvoir les intérêts de la France. Ce triple échec résulte de ce que d'autres pays se sont mieux débrouillés que la France pour faire prévaloir leurs propres intérêts nationaux. On est bien loin de la vision consensuelle et sympathique d'une « Europe souveraine ». On notera aussi que cinq États de l'Union européenne ne participent pas à ce Parquet européen. Après l'Initiative de défense et l'espace Schengen, c'est donc un troisième périmètre qui se trouve lui aussi différent de celui de l'Union européenne. Une telle observation conforte notre analyse sur l'existence de transferts de souveraineté à des périmètres changeants et à des populations variables, ce qui interdit de parler de « souveraineté européenne », sauf à vouloir jouer sur les mots.

La quatrième proposition concernait la création d'un budget de la zone euro et d'un ministère européen des Finances. Résultat quatre ans après ? Rien. Le blocage est complet. J'en profite pour rappeler que huit États de l'Union européenne n'appartiennent pas à la zone euro (la Bulgarie, la Croatie, le Danemark, la Hongrie, la Pologne, la Roumanie, la Suède et la Tchéquie), tandis que six États n'appartenant pas à l'Union européenne ont adopté unilatéralement l'euro (la principauté d'Andorre, le Kosovo, Monaco, le Monténégro, la République de Saint-Marin et l'État du Vatican). Après l'Initiative de défense, l'espace Schengen et le Parquet européen, la zone euro constitue donc un quatrième périmètre territorial et démographique différent de celui de l'Union européenne, ce qui rend objectivement illégitime et trompeur de parler de « souveraineté monétaire européenne ».

Au rang des questions sociales, la cinquième proposition du discours de Macron consistait à réviser la directive sur les travailleurs détachés. En réalité, cette renégociation avait déjà été lancée un an avant son élection. Résultat quatre ans après ? La révision de cette directive a certes abouti le 29 mai 2018, après plus de deux ans de négociations. Mais la montagne a accouché d'une souris. Macron n'a obtenu que la limitation du détachement à 12 mois ; néanmoins ce détachement est renouvelable, ce qui réduit à néant la portée de la concession arrachée... En contrepartie, les pays d'Europe orientale ont obtenu que le transport routier soit exclu du champ d'application de la directive, alors que c'était l'un des enjeux essentiels pour Paris ! Quoi qu'il en soit, cette renégociation de la directive des travailleurs détachés n'avait rien à voir avec la « souveraineté européenne ». Elle avait en revanche tout à voir avec la défense des intérêts nationaux français et allemands, contre les intérêts des pays de l'Est, principaux bénéficiaires de cette directive.

Sixième proposition : l'harmonisation fiscale européenne. Emmanuel Macron avait proposé d'harmoniser l'impôt sur les sociétés à l'intérieur de l'Union européenne. Résultat quatre ans après ? Rien. Le blocage est complet.

Septième proposition : une taxation financière européenne. Il proposait de « mettre en œuvre une taxe sur les transactions financières en faveur de l'aide au développement vers l'Afrique ». Résultat quatre ans après ? Rien. Le blocage est complet.

Huitième proposition : une démocratie européenne. Il souhaitait que soient organisées des « consultations citoyennes sur l'Europe » et des « conventions démocratiques » pour permettre une « refondation européenne ». Tous ces palabres devaient censément être organisés en France et dans tous les États membres volontaires. Résultat quatre ans après ? Des consultations citoyennes ont en effet été lancées… dans l'indifférence générale des peuples. Concrètement, cela n'a débouché sur strictement rien, si ce n'est des frais de location de salles et de prestations de traiteurs, et quelques idées sans grande portée concoctées par la Commission européenne comme émanant de ces consultations populaires afin de donner un semblant d'utilité à cet exercice des plus convenus.

Neuvième proposition : l'éducation européenne. Emmanuel Macron proposait la création d'une vingtaine d'universités européennes qui constitueraient un réseau d'universités entre plusieurs pays d'Europe. Résultat quatre ans après ? Rien. Le blocage est complet. Etc., etc.

On notera au passage que, tout visionnaire qu'il ait voulu paraître ce 26 septembre 2017, le chef de l'État n'avait pas songé à parler d'une « santé européenne ». Avec la pandémie de Covid-19, cette étourderie est désormais réparée. Il a enchaîné de nouveaux discours depuis deux ans pour faire d'une « Europe de la santé » son nouveau cheval de bataille. Avec le résultat totalement opaque que l'on connaît : la Commission européenne a négocié des contrats de gré à gré avec quelques laboratoires occidentaux, et tout spécialement avec Pfizer–

BioNTech, pour des sommes mirobolantes se chiffrant en milliards d'euros, et sans que quelque citoyen, parlementaire ou journaliste que ce soit ne puisse connaître le contenu des contrats ni le contenu des vaccins.

Résumons. Le discours de « refondation de l'Europe » de Macron prononcé à la Sorbonne en septembre 2017 devait enfin sortir la « construction européenne » de l'impasse et mener à une « souveraineté européenne ». Quatre ans après, il n'a débouché que sur des avancées millimétriques, ou a produit des reculs majeurs comme à propos de l'espace Schengen, des blocages tous azimuts, et l'émergence de périmètres de coopération instables et à géométrie variable, tant en matière de territoires que de populations concernées. L'échec est aveuglant. Il fait penser à ce malicieux proverbe chinois qui enseigne que « quand les lettrés se soulèvent, trois ans plus tard, il ne s'est rien passé. » Pourquoi un tel fiasco ? Le fiasco du projet de « refondation de l'Europe » représente une énième illustration du phénomène que le philosophe français Paul Thibaud avait repéré, voici plus de quarante ans. À savoir que la construction européenne est obsédée par ses pouvoirs et indifférente aux résultats qu'elle obtient. On ne saurait mieux résumer ce qu'est une pensée idéologique et un système clos. Mais pourquoi en est-il ainsi ?

*

Un retour à l'analyse sémantique du discours du président de la République nous en donne l'explication. Si on l'étudie attentivement, on note que ce discours cite vingt-quatre fois la France, trois fois l'Allemagne, l'Espagne et le Portugal, une fois la Belgique, la Bulgarie, la Grèce, l'Italie, le Luxembourg, les Pays-Bas et la Pologne, et pas une seule fois les seize autres États membres de l'Union européenne : Autriche, Chypre,

Croatie, Danemark, Estonie, Finlande, Hongrie, Irlande, Lettonie, Lituanie, Malte, Roumanie, Slovaquie, Slovénie, Suède et Tchéquie. Par ailleurs, ce discours mentionne cinq fois l'Afrique, deux fois les États-Unis, une fois la Russie et une fois la Chine.

Cette prééminence de la France, cet accent porté sur quelques pays, au premier rang desquels l'Allemagne, cette mise en avant de l'Afrique, tout cela est normal, logique et parfaitement compréhensible dans la bouche du président de la République française. Mais si c'était le président de la République de Pologne qui avait sorti de son propre chapeau un discours sur l'avenir de l'Europe à l'université de Varsovie, il eût été tout aussi normal, logique et compréhensible de l'entendre citer vingt-quatre fois la Pologne, trois fois l'Allemagne, la Hongrie et la Lituanie, une fois la Bulgarie, la Tchéquie, l'Autriche, la Suède, la France, la Finlande et la Slovaquie, et aucun des seize autres États restants. Tout en mentionnant cinq fois la Russie, trois fois la Biélorussie et une fois les États-Unis. L'avenir de l'Europe vu de Paris et l'avenir de l'Europe vu de Varsovie ont donc chacun leur cohérence interne. Le problème, c'est qu'ils sont foncièrement différents et largement incompatibles. Et ils le sont tout autant avec les avenirs de l'Europe vus depuis Berlin, Copenhague, Athènes, La Valette, Stockholm, Nicosie, Ljubljana, Budapest, Dublin, Lisbonne, Rome, Tallinn, Bratislava, et j'en passe.

Nous touchons là au cœur même de la question des blocages permanents de la construction européenne qui empêchent l'émergence d'une « souveraineté européenne ». Le fait de cacher un problème aussi monumental, comme l'on glisse des poussières sous le tapis, n'empêche pas ce problème d'exister et de produire ses effets dévastateurs. Par exemple, Emmanuel Macron a eu beau ne pas mentionner Malte dans son discours, c'est bel et bien la toute petite île de Malte, géographiquement proche de la Libye et politiquement proche de la Turquie, qui a mis son veto au financement européen commun des coûts de l'opération navale européenne Irini. Dans cette opération destinée à faire respecter l'embargo sur la livraison d'armes imposé à la Libye par l'ONU, la France s'est retrouvée toute seule, tel le dindon de la farce, l'Allemagne ne souhaitant par ailleurs pas se brouiller avec Ankara. De même, Emmanuel Macron a eu beau ne pas mentionner l'Autriche et la Finlande dans son discours de la Sorbonne du 26 septembre 2017, ce sont bien ces pays, ceux du groupe des pays dits « frugaux », qui ont multiplié les obstacles à la mutualisation des dettes de l'Union européenne (avec le soutien tacite de l'Allemagne). Et ce sont eux qui ont transformé le prétendu « moment hamiltonien »[89] de la fin juin 2020 (l'emprunt réalisé par la Commission européenne suite à la crise de la Covid 19) en un désastre financier pour la France, que l'on cache soigneusement aux Français.

*

Mais alors, comment faire pour surmonter les blocages qui viennent d'être analysés et parvenir enfin à ce Saint Graal de la « souveraineté européenne » ? Pour simplifier, il y a quatre façons de répondre à cette question qui engage, mine de rien, l'avenir de tout un continent et à laquelle il n'a toujours pas été trouvé de solution depuis soixante-dix ans.

---

[89]En référence à la décision du secrétaire du Trésor américain Alexander Hamilton, en 1790, selon laquelle les dettes contractées par les États américains seraient prises en charge par le nouvel État fédéral, cette expression est employée pour désigner l'éventuelle mutualisation des dettes nationales dans l'Union européenne – une mise en commun qui demeure en réalité hypothétique ou fictive.

La première réponse, qui est aussi la plus fréquente, est le refus de voir le problème. C'est un déni, et c'est le cas le plus général. Une telle réaction prévaut dans tous les grands médias en Europe et notamment en France. Ils chantent en chœur les vertus de « l'Europe », sa prétendue puissance en devenir, ses prétendues valeurs démocratiques et pacifiques. Et ils taxent par principe de « populisme », d'« anachronisme », de « complotisme » ou « d'extrémisme » tous les esprits libres qui constatent que les pays d'Europe s'enfoncent dans le désastre économique, l'appauvrissement général et la dictature politique, et qui essaient d'y trouver des explications et des solutions.

La deuxième réponse revient aussi à éluder le problème, mais d'une façon moins indécente, plus intellectuelle. C'est la réponse de tous ceux qui s'inspirent de la célèbre formule de Jean Cocteau dans *Les Mariés de la tour Eiffel* : « Puisque ces mystères nous échappent, feignons d'en être les organisateurs ». C'est en jouant sur ce registre finaud que Jacques Delors, ancien président de la Commission européenne, avait décrit l'Europe en construction comme un "Objet Politique Non Identifié", un OPNI, en faisant ainsi référence aux OVNI mystérieux dont nul n'a jamais pu prouver l'existence. C'était dans un discours tenu à Luxembourg le 9 septembre 1985, il y a donc déjà trente-cinq ans. Quinze ans plus tard, dans un entretien paru dans Le Monde du 18 janvier 2000, le même Jacques Delors annonça, sans rire, que l'Union européenne devait être une « Fédération d'États-nations ». Comme la présentation des collections de haute couture avenue Montaigne, cet oxymore ronflant lança une mode, qui ravit le microcosme politique et médiatique parisien pendant quelques mois. Au point que, le 28 mai 2001, le Premier ministre français Lionel Jospin en personne reprit à son compte cette formule dans un discours prononcé au Sénat sur « l'avenir de l'Europe élargie » : « Je fais mienne cette belle idée de "Fédération d'États-nations". D'un point de vue juridique, cette formule peut sembler ambiguë. Mais je la juge politiquement pertinente, car l'Europe est une construction politique originale, mêlant de façon indissociable en un précipité singulier deux éléments différents : l'idéal fédératif et la réalité des États-nations européens. C'est pourquoi la notion de "Fédération d'États-nations" traduit avec justesse la tension constitutive de l'Union européenne ». « Fédération d'États-nations », « précipité singulier », « tension constitutive ». On se croirait dans *Le Malade imaginaire*, en train d'écouter le Docteur Diafoirus diagnostiquer l'« intempérie dans le parenchyme splénique » de son patient ! Ces tours de passe-passe lexicaux s'inscrivent dans l'une des pires traditions de l'intellectualisme et du snobisme français, qui croient résoudre un problème en usant de formules aussi creuses que prétentieuses, à seule fin d'impressionner le commun des mortels. Ce serait drôle si cela n'entraînait pas d'aussi graves conséquences. Mais, un tiers de siècle après que Jacques Delors a qualifié l'Union européenne d'OPNI, et vingt ans après qu'il l'a baptisée « Fédération d'États-nations », ces pitreries et ces jeux de mots n'ont résolu aucun des problèmes gravissimes posés par la construction européenne. Ils ne cessent au contraire de s'accroître.

La troisième réponse consiste à lancer des propositions de coopération tous azimuts, en affirmant que c'est ainsi que l'on arrivera à une « souveraineté européenne ». C'est le principe même de la fameuse « Déclaration Schuman » du 9 mai 1950 qui avait annoncé : « L'Europe ne se fera pas d'un coup, ni dans une construction d'ensemble ; elle se fera par des réalisations concrètes créant d'abord une solidarité de fait. » C'est au fond cette méthode qui a été reprise, ou du moins tentée, par Emmanuel Macron dans le discours de la Sorbonne que nous venons d'examiner. Le problème, c'est que les soixante-dix ans écoulés depuis la Déclaration Schuman ont montré que cette méthode peut certes produire des effets, mais qu'ils se révèlent bien différents de ceux qui étaient attendus. Ils sont essentiellement de deux ordres. D'une part, le pragmatisme impose à ceux qui veulent « avancer » d'en rabattre sur leurs attentes, en acceptant que certains États de l'Union européenne s'y soustraient. Du fait de l'impossibilité de surmonter le principe d'unanimité, consubstantiel à la souveraineté des États-membres, le pragmatisme a imposé, soit de faire du surplace, soit d'accepter un nombre croissant d'exceptions et des périmètres disparates pour telle ou telle innovation. J'en ai parlé précédemment : l'Union européenne, la zone euro, l'espace Schengen, l'Initiative de défense, le Parquet européen constituent autant de périmètres différents de territoires et de peuples. J'aurais pu en ajouter bien d'autres, comme telle ou telle coopération en matière diplomatique, scientifique, industrielle, énergétique, spatiale, militaire, culturelle, etc. Or, cet imbroglio et cette confusion générale des périmètres, qui incluent ou excluent des pays et des peuples membres de l'Union européenne et d'autres qui ne le sont pas, rendent au bout du compte complètement illisible le projet de départ et profondément vide de sens le concept même de « souveraineté européenne ». Prenons-en un exemple. Au nom de la « politique étrangère de sécurité et de défense » dont les bases ont été posées par le traité de Maastricht de 1992, l'Union européenne est censée faire front commun contre la Russie au sujet de l'annexion de la Crimée. Des « sanctions économiques », censées montrer la puissance de l'Union européenne lorsqu'elle est unie, ont été édictées contre Moscou. Mais au même moment, l'Allemagne ne peut résoudre ses problèmes d'approvisionnement énergétique sans avoir recours au gaz russe via le gazoduc Nord Stream 2. Vis-à-vis de la Russie, comme vis-à-vis de la Chine, de l'Iran, du Moyen-Orient, des États-Unis, etc., la politique étrangère de l'Union européenne est donc constamment tirée à hue et à dia par vingt-sept intérêts nationaux géopolitiques divergents. Au point qu'elle en perd toute crédibilité. Pendant la campagne présidentielle de

1995, le Premier ministre français Édouard Balladur avait tenté de théoriser ces évolutions centrifuges en y allant lui aussi de sa formule pompeuse. Il avait parlé d'une « Europe des cercles concentriques ». Après un quart de siècle et l'admission de dix nouveaux États membres, il n'y a pas plus de « cercles concentriques » que d'« Europe souveraine », mais un fouillis de plus en plus inextricable d'institutions, de politiques, de comitologies et de négociations byzantines sur lesquelles presque plus personne n'a prise, ni n'a même de vue d'ensemble. D'autre part, on ne peut obtenir de « réalisations concrètes » qu'en combattant ou en niant les intérêts nationaux contradictoires – ce que l'on nomme « égoïsmes nationaux », dans la langue de bois européiste. Cela ne peut passer que par ce que l'on appelle par euphémisme des « transferts de souveraineté », c'est-à-dire la création d'institutions supranationales peuplées de fonctionnaires non élus – une sorte de nomenklatura européiste –, auxquelles sont confiées de plus en plus d'attributions régaliennes, tandis qu'en catimini l'on vide de substance les pouvoirs nationaux. Cette dépossession subreptice des pouvoirs souverains des peuples peut fonctionner. Elle a lieu de façon accélérée depuis le traité de Maastricht de 1992, nous en sommes tous témoins. Elle prend la double forme d'une judiciarisation croissante des décisions de la Cour de justice de l'Union européenne, d'une part, et de décisions de plus en plus intrusives de la Commission européenne de Bruxelles et de la Banque centrale européenne de Francfort dans les politiques nationales, d'autre part. L'un des principaux moyens de sujétion des États est celui des « Grandes Orientations des Politiques économiques », les GOPÉ, édictées par la Commission européenne – chaque année pour chaque État – en application de l'article 121 du traité sur le fonctionnement de l'Union européenne (TFUE). Les dernières en date imposent par exemple pour la France la réforme des retraites, le démantèlement de notre droit du travail ou la privatisation de nos services publics. Cela a poussé des millions de Français à descendre dans la rue contre leurs gouvernements successifs, sans que la majorité de mes compatriotes, hélas, comprennent d'où viennent les instructions. Quand on le leur explique, la majorité d'entre eux s'écrie que ce n'est pas vrai et taxe le messager de complotisme. Président-fondateur d'un parti politique qui emploie son énergie à expliquer ces mécanismes, j'en fais constamment l'expérience et le constat. Mais cette dépossession n'a qu'un temps. Car si les peuples sont parfois longs à bien comprendre ce qui se passe, toute l'histoire du monde nous enseigne d'abord qu'ils finissent un jour ou l'autre par se rendre compte qu'ils ont été placés dans la servitude et par découvrir qui les y a placés, puis qu'ils se révoltent en conséquence. Nous en sommes parvenus à ce stade de la prise de conscience. Seuls les idéologues enfermés dans leur aveuglement se refusent à voir que le processus même de la construction européenne est désormais perçu comme frappé d'illégitimité démocratique par de plus en plus de citoyens à travers toute l'Europe. Pour parler clair, les institutions européennes sont perçues par un nombre croissant d'électeurs à travers le continent comme des institutions intrinsèquement dictatoriales. Lorsque les électeurs auront compris qu'elles ne peuvent pas être autrement, parce qu'il n'existe décidément pas de « démos européen » et que la « démocratie » doit reposer sur un peuple – un « démos » –, ils finiront par en conclure, comme les électeurs britanniques, que l'Union européenne est irréformable, que c'est le concept de départ qui est faux, et qu'il n'y a pas d'autre solution que d'en sortir.

La quatrième réponse consiste à occuper la position de l'historien-philosophe en considérant que l'avènement d'une « Europe souveraine » est inéluctable et qu'il faut simplement lui laisser le temps. C'était déjà la vision développée par Victor Hugo dans son célèbre discours d'ouverture du Congrès de la Paix de 1849, dans lequel il affirmait, évoquant les États-Unis d'Europe : « Un jour viendra où vous, France, vous Russie, vous Italie, vous Angleterre, vous Allemagne, vous toutes nations du continent, sans perdre vos qualités distinctes et votre glorieuse individualité, vous vous fondrez étroitement dans une unité supérieure, et vous constituerez la fraternité européenne, absolument comme la Normandie, la Bretagne, la Bourgogne, la Lorraine, l'Alsace, toutes nos provinces se sont fondues dans la France ».[90] J'imagine qu'en Suisse, certains esprits favorables à l'adhésion de leur pays à l'Union européenne développent la même idée, en soulignant que la Confédération helvétique est née avec le Pacte du 1er août 1291 entre les trois premiers cantons et qu'il a fallu des siècles pour en arriver au pays actuel.

Le problème de ce raisonnement par analogie, c'est que des constructions politiques étatiques comme la France ou la Suisse se sont construites au fil des siècles, très généralement sous l'effet d'épisodes de violence fondatrice, essentiellement des guerres. Or, nous ne sommes plus dans l'enfance du monde. Les guerres du deuxième millénaire sont derrière nous et l'époque est à la dissolution des frontières et des appartenances nationales sous l'effet d'une mondialisation libérale que de plus en plus de peuples rejettent. Mais c'est ici un autre débat. En somme, la fin des guerres territoriales, l'immédiateté des communications et des voyages à travers la planète, l'intrication mondiale des intérêts et des flux commerciaux, les phénomènes migratoires et l'absence de tout patriotisme pour une entité dite « européenne » mais aux contours constamment mouvants, tout cela rend complètement illusoire et

---

[90]Victor Hugo, « Discours d'ouverture », Congrès de la Paix, 21 août 1849, *Actes et Paroles, Avant l'exil, 1841-1851, Œuvres complètes*, édition chronologique sous la direction de Jean Massin, Le Club français du livre, Paris, 1967, t. VII, p. 219.

inapproprié le raisonnement par analogie avec la construction des États-nations européens au cours de notre millénaire.

Vous me permettrez de conclure en citant Charles de Gaulle. Après ce long exposé, je ne peux qu'être rempli d'admiration devant le fondateur de la Ve République, qui, dès le début des années 60, avait porté le même diagnostic que celui qui vient de vous être exposé, mais avec un sens aigu de l'image et une remarquable concision. Constatant la divergence irréductible entre les intérêts nationaux propres de dizaines d'États-nations d'Europe, forgés par des siècles et des siècles d'histoire, l'ancien chef de la France libre aurait ainsi résumé l'impossibilité de parvenir à une *Europe souveraine* : « On ne fait pas une omelette avec des œufs durs ».

Souveraineté des États et droit international : une approche de Cuba

Abel Prieto
Ancien ministre de la Culture de Cuba,
Président de la Casa de las Américas

Je tiens à saluer avec beaucoup d'affection les organisations qui ont travaillé à la réalisation de cet événement, l'Association Suisse-Cuba et ALBA Suiza et les autres membres du mouvement de solidarité avec Cuba dans ce pays. Recevez tous une étreinte chaleureuse.

Je voudrais commencer par rappeler, dans un événement comme celui-ci que, comme nous le savons tous, les Nations Unies célèbrent leur 75e anniversaire, ce qui, on peut le dire, est un des sujets principaux de cette rencontre. Celles-ci ont été créées sous les effets traumatisants des deux guerres mondiales, de l'Holocauste, du fascisme, de toute cette horreur-là, et ce sont précisément ses principes fondateurs qui ont cherché à garantir par tous les moyens qu'une telle tragédie ne se reproduirait plus. Quand on lit la Charte fondatrice des Nations

Unies, on voit qu'elle entend œuvrer à la construction d'un monde pacifique et sûr, fondé sur le respect mutuel et le multilatéralisme, sur le principe de l'égalité souveraine de tous les pays membres, qu'il s'agisse de grands États puissants ou de petits États plus faibles, qui étaient, disons, sur un pied d'égalité pour intervenir et participer à cette nouvelle organisation.

Parmi les objectifs fondamentaux des Nations Unies figuraient, comme nous nous en souvenons tous, le maintien de la paix, le maintien de la sécurité internationale, le rejet de l'utilisation de la force et des menaces comme moyens de pression, le règlement pacifique des différends, le développement de relations amicales entre les nations, fondées sur le respect de l'autodétermination des peuples, la promotion de la coopération pour résoudre divers problèmes internationaux et la défense des droits de l'homme et des libertés fondamentales. C'est vraiment quelque chose qui, quand on le lit comme ça, relève d'une belle et noble utopie mais en ce 75e anniversaire des Nations Unies et à la lumière de ce qui s'est passé ces dernières années, les piliers sur lesquels celles-ci ont été fondées ont été trahis à maintes reprises.

La principale puissance hégémonique, les États-Unis d'Amérique, est responsable d'avoir sapé de manière flagrante et arrogante les fondements du multilatéralisme. Ils ont ignoré toute notion de multilatéralisme et ont eu recours et continuent de recourir, comme nous le savons tous, aux menaces, à l'intimidation, au chantage et aux sanctions unilatérales. Le comportement de son gouvernement, en particulier de cette administration Trump, exclut toute idée pouvant être associée au respect, à la souveraineté et à la coopération. Leurs porte-parole tiennent une sorte de discours qui semble tiré d'un film du type western : ces personnages qui arrivent à la taverne, demandent un whisky, sortent un pistolet. Vous le comprenez ?

C'est ce style pitoyable qui caractérise les porte-parole de cet empire en déclin.

Voilà, et c'est très important, le langage du fascisme, le langage du fascisme avec son empreinte de haine, d'intolérance, son messianisme, son arrogance messianique, son racisme. Tout ce langage que nous avons entendu dans la bouche de Mussolini, d'Hitler, des grandes icônes du fascisme pendant la Seconde Guerre mondiale et dans les années précédentes est présent aujourd'hui, d'une manière ou d'une autre, dans les discours des porte-parole de cet empire yankee.

Le fascisme ne concerne pas seulement l'élite dirigeante des États-Unis, nous tous le savons, vous le savez, vous qui êtes au courant, très au courant, beaucoup plus que moi, de ce qui se passe en Europe : celui-ci se répand à travers toutes les régions du monde. Il faut y ajouter la course aux armements. C'était quelque chose que ces Nations Unies – rêvées il y a 75 ans – pensaient pouvoir arrêter. Au contraire, la course aux armements s'est accélérée, inspirée précisément par cette philosophie belligérante du gouvernement des États-Unis, qui est responsable – c'est une information que je voudrais mettre en lumière – de 38 % des dépenses militaires globales.

Cette superpuissance qui est en train de balayer tous les principes fondateurs des Nations Unies a abandonné – c'est connu aussi – des accords importants de désarmement et de contrôle des armements. Elle s'est également séparée de l'UNESCO – ce qui est un fait d'une certaine gravité – et a ainsi renoncé à tout effort collectif dans les domaines de l'éducation, de la science et de la culture visant à défendre certaines valeurs essentielles de l'humanité dans un monde véritablement avili, un monde dégradé à tous points de vue.

Washington s'est retiré, en plus, de l'accord de Paris sur le changement climatique. C'est scandaleux car ce pays est l'un des principaux pollueurs, l'un des principaux prédateurs de l'environnement. Ils se séparent de l'accord de Paris lequel, nous le savons, est un traité insuffisant, qui ne résout pas tous les problèmes réellement urgents qu'il faudrait aborder afin d'arrêter la détérioration de l'environnement. Cependant, c'est un pas important, c'est un progrès significatif dans une bataille qui, comme l'a dit Fidel Castro lors du sommet de Rio de Janeiro en 1992 et dont nous nous souvenons tous : « si on perd cette bataille, l'espèce humaine est en danger d'extinction ».

Plus récemment, au beau milieu de la pandémie du nouveau coronavirus, l'administration Trump, au lieu de soutenir l'Organisation mondiale de la Santé, a attaqué fortement ses dirigeants et a quitté l'organisation. Le pays a coupé ses relations avec l'Organisation mondiale de la Santé. C'est un autre symptôme de la façon dont agit ce véritable ennemi de l'humanité. C'est non seulement un ennemi de Cuba, du Venezuela et des pays qu'il a placés sur la liste de l'Axe du mal mais c'est aussi un ennemi de l'humanité, un ennemi de la planète, un ennemi du monde. Notre ministre des Relations extérieures, Bruno Rodríguez, a déclaré à juste titre qu'il semblerait que ce gouvernement, le gouvernement des États-Unis « soit en guerre contre la planète, ses ressources vitales et ses habitants ». Il semblerait que ce soit en effet le cas.

Bien sûr, les États-Unis ne sont que la partie visible de tout un système qui a échoué : le néolibéralisme. Ses séquelles, nous les connaissons. Celles-ci nous ont laissé un paysage vraiment dantesque, notamment dans les pays et les parties de la population mondiale les plus pauvres, une inégalité et une pénurie extrêmes, le chômage, l'exclusion, le manque d'accès aux services de base, une migration incontrôlée vers le nord, comme nous le savons tous, et tout cela à cause de la faim, des conflits armés et pour diverses raisons.

La croissance des tendances fascistes est également le résultat de la crise du néolibéralisme. Fidel Castro l'avait prophétisé lors du sommet ibéro-américain de Madrid en 1992. Lors de ce moment d'euphorie néolibérale, alors que le mur de Berlin et le bloc soviétique s'étaient effondrés ; soudain, le marché, synonyme de liberté, allait régner dans ce monde. Fidel Castro avait ainsi déclaré : « ce monde où, le marché va régner, va devenir un monde ingouvernable ». Et comme nous le constatons, c'est effectivement le cas. Notre Président Díaz-Canel, qui s'est également exprimé récemment devant l'Assemblée générale des Nations Unies, a déclaré :

« Quelque chose de très spécial et de profond a échoué, lorsque l'on est témoin quotidiennement et en permanence de la violation des principes de la Charte des Nations Unies, et lorsque l'usage ou la menace de la force dans les relations internationales sont de plus en plus fréquents. Il n'est plus possible de maintenir, comme quelque chose de naturel et d'inamovible, un ordre international inégal, injuste et antidémocratique, qui privilégie l'égoïsme sur la solidarité et les intérêts mesquins d'une puissante minorité par rapport aux aspirations légitimes de millions de personnes ».

Et le Président Díaz-Canel a ajouté que « nous sommes aujourd'hui les témoins douloureux du désastre auquel le monde a été conduit par le système de production et de consommation irrationnel et non durable du capitalisme, par des décennies d'un ordre international injuste et par l'application d'un néolibéralisme brutal et débridé, qui a aggravé les inégalités et sacrifié le droit au développement des peuples ».

Cuba – comme vous le savez bien, vous qui nous aidez beaucoup, qui faites tant pour promouvoir la solidarité avec notre pays – a choisi une autre voie très différente de la désastreuse doctrine néolibérale. En 1959, Cuba a cessé d'être une colonie yankee et s'est efforcée de construire une société libre, une société souveraine qui, depuis lors, est axée sur les besoins et les droits des gens, de l'être humain. Notre pays a désobéi aux lois de la géopolitique qui le condamnaient à se subordonner à l'empire et il a dû payer un prix très élevé pour cette décision.

Dans ce même discours, le Président Díaz-Canel a parlé du durcissement impitoyable du blocus étasunien pendant l'administration Trump. Et je le cite à nouveau :

« L'agressivité du blocus a atteint un niveau qualitativement nouveau, qui renforce sa condition d'obstacle réel et déterminant à la gestion de l'économie et au développement de notre pays. (...) Il ne se passe pas une semaine sans que ce gouvernement ne fasse des déclarations contre Cuba ou n'impose de nouvelles restrictions ».

Et c'est vrai. Il ne se passe pas une semaine sans nouvelles menaces, et pas seulement des menaces, mais aussi de nouvelles restrictions. Le blocus économique, commercial et financier a été officiellement proclamé contre Cuba par le Président Kennedy le 3 février 1962. Les dommages causés par cette politique pendant près de six décennies sont estimés à plus de 900 milliards de dollars. Imaginez ce que cela signifie pour une petite île, sans ressources naturelles, pour une île qui a commencé à lutter pour son développement en 1959, avec les pires conditions, avec les plus grands désavantages, ce que représente 900 milliards de dollars, en près de 60 ans. Rien qu'en 2019, Trump a appliqué 82 nouvelles mesures dans le but d'isoler et d'étouffer Cuba.

Pour garantir l'efficacité de ce blocus, Washington fait pression sur les banques internationales, limite leurs actions, entrave l'octroi de crédits et toutes sortes d'opérations avec Cuba. Ce gouvernement fait pression aussi sur les fournisseurs de produits essentiels, y compris les instruments médicaux, les médicaments et les denrées alimentaires. Il menace et punit les partenaires commerciaux de Cuba ; impose des sanctions sur les compagnies maritimes qui arrivent dans des ports cubains ; persécute les transporteurs de carburant ; interdit les vols commerciaux ; empêche l'arrivée de touristes et de bateaux de croisière ; restreint les visites et les échanges culturels, universitaires et professionnels ; limite la possibilité de recevoir des transferts de fonds, parmi de nombreuses autres mesures qui touchent de manière significative l'ensemble de la population cubaine.

La Convention pour la prévention et la répression du crime de génocide de 1948 et le Statut de Rome de la Cour pénale internationale datant de 1998 définissent le génocide comme le fait de soumettre intentionnellement un groupe national, ethnique, racial ou religieux à des conditions d'existence pouvant entraîner sa destruction physique totale ou partielle. Ce même Statut de Rome décrit les crimes contre l'humanité comme des actes causant intentionnellement de grandes souffrances ou des atteintes graves à l'intégrité physique ou à la santé mentale ou physique des personnes, lorsqu'ils sont commis dans le cadre d'une attaque généralisée ou systématique dirigée contre toute population civile. C'est ce que les États-Unis ont fait contre nous.

Le blocus illégal et immoral des États-Unis contre Cuba constitue un génocide et un crime contre l'humanité. De surcroît, - et cela nous le savons tous aussi - ce gouvernement se moque impudemment du vote majoritaire de l'Assemblée générale des Nations Unies contre ce siège cruel. Ce vote majoritaire s'est exprimé 27 fois consécutives depuis 1992. Mais cela n'a aucun effet sur ceux qui conçoivent et mettent en œuvre ces politiques.

Le prétexte grossier utilisé pour justifier l'hostilité des États-Unis à l'égard de l'île concerne, comme vous le savez tous, la question si souvent manipulée des droits de l'homme. Le principal violateur de ces droits, le pays qui a légalisé la torture, le pays qui a mené des guerres de conquête aux conséquences atroces, qui a financé des escadrons de la mort, des exécutions extrajudiciaires, des coups d'État, des conspirations perverses comme la ténébreuse opération Condor ; un pays qui promeut quotidiennement des massacres irrationnels sur son propre territoire et dont la police raciste tue impunément des citoyens non armés, c'est ce pays qui s'autoproclame champion et juge en cette matière.

Cuba garantit à tous ses citoyens, sans exception, le droit à la vie, à la santé, à l'éducation, à l'emploi et à la participation réelle et non formelle à la gestion politique. Nous avons une Constitution récente. Vous avez dû entendre comment elle a été débattue par l'ensemble de la population, comment le projet initial a été enrichi et à nouveau débattu puis approuvé à une écrasante majorité. Tous les droits des citoyens cubains y sont exprimés avec un soin et une rigueur exemplaires.

En outre, le renforcement du blocus se produit en pleine pandémie du nouveau coronavirus. Notre solide système de santé et le potentiel scientifique de Cuba ont réussi, malgré le blocus et les conséquences économiques de la pandémie, à arrêter la propagation du virus sur son territoire et à aider 39 pays et territoires du monde dans cette tâche très complexe et risquée.

Alors que Trump a vu les chiffres de la contagion et des décès augmenter au milieu des mensonges et des contradictions, en agissant à l'aveuglette, en démentant les scientifiques, en recommandant aux gens de se faire injecter de l'eau de Javel, en essayant de faire porter le chapeau aux autres pour son irresponsabilité et sa négligence ; Cuba a donné un exemple moral incontestable, qui rend fous les hauts dirigeants de la superpuissance qui nous assiège et nous agresse. C'est pourquoi ils ont recours à la diffamation. Il s'avère grotesque que de hauts responsables du gouvernement étasunien et de la machine médiatique à leur service, ainsi que certains gouvernements laquais, tentent de ternir le travail de nos professionnels de la santé par des insultes et des mensonges. Ils attaquent précisément les représentants des principes de coopération et de collaboration, qui sont les seuls principes – je le répète – qui permettront à l'humanité de surmonter la tragédie à laquelle elle est confrontée aujourd'hui.

Washington est allé jusqu'à imposer de manière humiliante à l'Organisation panaméricaine de la Santé, sans aucun mandat des États membres, une évaluation du rôle de l'organisation elle-même dans le programme « Plus de médecins » au Brésil, qui avait été convenu à l'origine par le gouvernement du Parti des Travailleurs, le gouvernement cubain et l'Organisation panaméricaine de la Santé. Trump a humilié cette organisation en lui imposant une sorte d'auto-vérification honteuse. Le programme « Plus de médecins » a bénéficié à une masse de la population brésilienne qui n'a d'habitude pas accès aux services de santé publique. Avec le comportement de Bolsonaro qui a boycotté ce programme, l'a annulé et a agressé verbalement nos médecins, beaucoup de gens au Brésil se sont retrouvés privés de ce soutien pour leur santé et leur vie.

Washington a été beaucoup plus loin et s'est adressé directement à des gouvernements américains pour faire pression sur eux afin qu'ils n'établissent pas d'accords de coopération avec Cuba dans le domaine de la santé. Ils ont été vulgairement extorqués. Tout cela a une nuance et une image de vulgarité. Il n'y a pas de diplomatie de gants de velours dans ce contexte : tout est brutal et barbare.

Washington a également créé – c'est une autre nouvelle récente –, un fonds de trois millions de dollars pour toute personne qui dépose une plainte contre la coopération médicale cubaine, pouvant être utilisée pour, disons, alimenter cette campagne de diffamation. Et il est vraiment très encourageant qu'en dépit de tout ce théâtre épouvantable, Cuba a été élu à l'exécutif de l'Organisation panaméricaine de la Santé. Cela signifie que le prestige de Cuba prédomine sur tout ce torrent d'infamie.

Le système des Nations Unies doit être sauvé. Des relations civilisées entre les États doivent s'imposer comme le seul moyen de garantir la survie de l'espèce humaine sur la planète. En parallèle, nous devons enfin répondre à l'ancienne revendication de procéder à la démocratisation réelle et effective des Nations Unies. C'était une obsession de Fidel Castro qui a insisté maintes fois sur le fait que les Nations Unies avaient besoin d'une démocratisation pour représenter réellement les intérêts de l'humanité.

Le fascisme actuel possède des armes nucléaires, utilise des armées régulières et des sociétés privées de mercenaires. Celui-ci dispose également d'une machine de manipulation du comportement d'une efficacité exceptionnelle, qui a trouvé des outils plus pervers et plus sophistiqués dans les réseaux sociaux et dans l'utilisation immorale des données personnelles des citoyens. Aujourd'hui, ils influencent les processus électoraux en classant les profils des électeurs potentiels et en envoyant intentionnellement et séparément des messages qui diabolisent certains dirigeants par des calomnies de toutes sortes, répétées jusqu'au délire, et qui exaltent d'autres candidats en tant qu'envoyés divins. Les réseaux sociaux créent un climat très polarisé où les fausses informations et les messages haineux fleurissent et où un débat d'idées civilisé devient impossible.

Ces formes subtiles et sophistiquées de manipulation sapent aujourd'hui les fondements mêmes de l'exercice de la démocratie. Face à la résurgence du fascisme, tous les honnêtes gens de la planète doivent s'unir, quelle que soit leur appartenance politique spécifique : ceux qui n'acceptent pas le génocide quotidien, qui n'acceptent pas l'injustice comme normale et inévitable ; ceux qui refusent de vivre dans une capsule d'égoïsme et de fermer les yeux face à la détresse de la majorité ; ceux qui savent qu'une personne n'est pas inférieure à une autre en raison de la couleur de sa peau ou de ses préférences sexuelles, ou de ses croyances religieuses, ou de toute autre raison ; ceux qui aiment la paix et rejettent la guerre, l'imposition de la loi du plus fort et la course suicidaire vers le désastre climatique.

Le fait est que dans toutes les régions du monde, il y a des foyers de résistance anti-impérialiste, anti-néolibérale et antifasciste, formés par des travailleurs, des étudiants, des professeurs, des enseignants, des militants et des promoteurs de projets communautaires. Cependant, ils sont éparpillés. Il leur manque l'articulation indispensable pour échanger des idées et parvenir à un consensus sur les actions. Dans ces circonstances, nous devons faire l'impossible pour nous rencontrer, pour échanger, pour nous assembler. Le fascisme doit être arrêté.

Paradoxalement, la pandémie nous a laissé des leçons très amères et en même temps pleines d'espoir. Sa leçon la plus importante pourrait être résumée par l'idée, très claire, que le virus a révélé l'essence du modèle néolibéral. L'industrie hégémonique, informationnelle et culturelle a toujours travaillé pour nous faire croire que ce système est la seule manière naturelle et imaginable d'organiser la vie économique et sociale de la planète. Elle nous a répété chaque jour que nous vivons dans le meilleur des mondes possibles et a connu un tel succès que même les victimes du système se reprochent leurs malheurs et sont incapables de le contester.

Le nouveau coronavirus l'a mis à nu. Il a ouvert de profondes fissures dans ce mirage culturel. Il a également provoqué une véritable explosion dans le domaine de la pensée sociale. Nous avons assisté, comme rarement auparavant, à une avalanche d'interrogations très sérieuses et très réfléchies sur les causes de cette situation très sinistre, sur ses conséquences et sur l'avenir post-pandémique.

Selon le politologue argentin Atilio Borón, nous devons penser à un avenir avec « plus d'État et moins de marché », rejeter catégoriquement la privatisation de la santé publique et des principaux services sociaux et reprendre la pensée de Fidel Castro, notre Fidel, pour trouver des réponses. Cela a été une habitude des Cubains et pas seulement des Cubains pendant toutes ces années difficiles : revenir encore et encore sur le réservoir de lucidité, d'intégrité et de moralité de Fidel Castro. Un autre argentin, le journaliste Carlos Aznárez, déclare :

« ...quand les difficultés nous perturbent, quand nous pensons que nous manquons de force, quand parfois nous manquons de réponses, (...) dans ces moments d'obscurité et de malaise, retournons à Fidel, à ses idées, à son éthique, à son audace, à son courage, à sa logique révolutionnaire et à la merveilleuse aventure de vouloir prendre le ciel d'assaut ».

Et je terminerai par une citation de Fidel, lors d'un événement à La Havane, en janvier 2003, à l'occasion du 150e anniversaire de la naissance de Martí. Lorsque tous les participants, angoissés et désespérés, lui ont demandé ce qu'il fallait faire, ce qui pouvait être fait, Fidel n'a fait qu'une seule recommandation :

« Si j'osais suggérer quoi que ce soit aux illustres visiteurs réunis ici, ce serait ce que je vois que vous faites déjà. Cependant, au risque de les épuiser, je me permets de répéter et réitérer : face aux armes sophistiquées et destructrices avec lesquelles ils veulent nous intimider et nous soumettre à un ordre économique et social mondial injuste, irrationnel et non durable : semez des idées ! semez des idées ! et semez des idées ! semez de la conscience ! semez de la conscience ! et semez de la conscience ! ».

Merci beaucoup à tous, à notre Ambassadeur, aux amis de l'Association Suisse-Cuba, d'ALBA Suiza, du mouvement de solidarité, ainsi qu'aux organisateurs de cet événement. Et encore une fois, recevez une étreinte chaleureuse de La Havane.

Conclusion du colloque

Dr Natalie Benelli
Docteure en sociologie,
présidente d'ALBA Suiza
membre du comité de coordination
de l'Association Suisse-Cuba

Les auteurs contribuant à la présente publication ont abordé les multiples manières dont les nations riches et puissantes du Nord global s'immiscent dans les affaires internes des pays du Sud global. Ils ont montré que les pays concernés et leurs populations ont la volonté de défendre leur droit à la souveraineté nationale, à l'indépendance et à l'autodétermination. Les exemples de la Syrie, de Cuba et du Venezuela exposent le caractère inhumain et mortel de l'ingérence impérialiste dans les affaires internes de ces pays.

Dans le cas de Cuba, l'objectif du blocus imposé par les États-Unis a été formulé de manière explicite dans un Mémorandum du gouvernement des États-Unis du 6 avril 1960 : affamer la population et semer le désespoir pour amener les individus à renverser leur gouvernement. En d'autres mots : les gouvernements successifs des États-Unis tentent délibérément d'affamer des enfants, des femmes et des hommes cubains parce qu'ils ont choisi une forme de société et de gouvernement qui ne se soumet pas aux diktats des États-Unis.

Les objectifs définis - au nom des « droits de l'homme » et de la « démocratie » - dans le mémorandum au sujet de Cuba sont les mêmes dans le cas de pays tels le Venezuela, le Nicaragua, la Syrie, l'Iran et bien d'autres encore : paralyser l'économie et refuser à la population l'accès aux moyens de subsistance afin de la persuader de se rebeller contre son gouvernement et de provoquer un « changement de régime ».

Dans le cadre de la 75e session de l'Assemblée générale des Nations Unies, les pays touchés par des blocus ont réitéré la nécessité du multilatéralisme, de la coexistence pacifique et du dialogue entre toutes les nations.

Walid Al-Moualem, Vice-Premier ministre et ministre des Affaires étrangères et des expatriés de la République arabe syrienne, a condamné la tentative inhumaine du gouvernement des États-Unis d'étouffer la population syrienne en renforçant les sanctions contre son pays en temps de Covid-19.

Le président de la République Bolivarienne du Venezuela, Nicolas Maduro Moros, a mis l'accent sur la nécessité urgente de rétablir les principes du respect de la souveraineté et de l'autodétermination des peuples déclarés dans la Charte des Nations Unies. Il a souhaité aux délégués des pays membres de l'ONU l'unité, la paix et la coopération pour le monde entier.

À l'occasion du 75e anniversaire de l'Organisation des Nations Unies, le ministre des Affaires étrangères cubain, Bruno Rodríguez Parrilla, déclara : « 75 ans après avoir signé la Charte des Nations Unies, les États doivent de toute urgence renouveler leur engagement en faveur des fondements du droit international, du renforcement du multilatéralisme, de la coopération avec les organisations internationales et du pouvoir de l'Assemblée générale ». « Nous devons multiplier la coopération et la solidarité », a-t-il affirmé. « Nous devons construire un ordre international démocratique, juste et durable ».

L'ingérence des nations puissantes dans la souveraineté nationale et l'autodétermination des nations plus faibles est un crime. Non seulement parce qu'elle viole le droit international mais aussi parce qu'elle viole les droits humains.

À cause des mesures coercitives unilatérales, des millions d'êtres humains n'ont pas accès aux droits humains fondamentaux tels que définis dans l'Agenda 2030 pour un développement durable, signé le 25 septembre 2015 par tous les 193 pays membres de l'ONU, y compris les États-Unis, les pays-membres de l'Union européenne et la Suisse.

Le premier objectif de l'Agenda 2030 est l'éradication de la pauvreté dans toutes ses formes et partout - non seulement dans les pays en voie de développement, mais aussi dans les pays soi-disant développés où l'écart des revenus se creuse et la richesse se concentre de plus en plus dans des mains de moins en moins de personnes.

Au lieu d'utiliser les « droits de l'homme » et la « démocratie » comme légitimation pour apporter la pauvreté et la destruction aux pays qui choisissent leur propre voie de développement, au lieu de déstabiliser des régions mondiales entières, les nations riches et puissantes du « Nord » devraient utiliser leurs ressources pour appliquer les principes fondamentaux de la Charte des Nations Unies, garantissant ainsi la paix mondiale et permettant à chaque enfant, femme et homme de vivre une vie digne en s'appliquant, dans leur propre pays, à mettre en œuvre les objectifs de l'Agenda 2030 pour un développement durable.

En tant que résidents d'un pays dont le gouvernement participe à cette politique barbare en se joignant aux agressions économiques des États-Unis, il est de notre devoir de nous lever, de nous organiser et de travailler à la fin de l'ingérence de notre gouvernement dans les affaires internes d'autres pays sous la forme de sanctions et de blocus. Les sanctions et les blocus sont des actes de guerre imposés à des populations du monde entier.

L'Association Suisse-Cuba et ALBA Suiza sont solidaires avec Cuba, les pays progressistes d'Amérique latine et avec les autres nations du monde luttant pour leur indépendance, leur autodétermination et leur souveraineté nationale conformément à la Charte des Nations Unies. Nous participons à la campagne « Unblock Cuba », qui réunit des groupes de solidarité en Europe contre les blocus illégaux et criminels du gouvernement des États-Unis dont l'application extraterritoriale est supportée par le gouvernement suisse. Nous avons besoin de plus de personnes qui se joignent à nous pour faire avancer la campagne, pour informer les gens en Suisse au sujet des conséquences négatives des sanctions et blocus illégaux sur les personnes des pays affectés. De cette manière, nous pouvons construire une vaste base contre les blocus illégaux imposés à des pays du monde entier.

En temps de guerre, il n'y a pas de spectateurs innocents. Ne vous contentez pas de regarder, joignez-nous dans l'action. Appelez le +41 32 517 81 81 ou écrivez à unblockcuba2021@gmail.com pour savoir comment participer.

Table des matières

Les Cahiers du GIPRI

Les Cahiers du GIPRI sont une publication de l'Institut International de Recherches pour la paix à Genève (https://gipri.ch). Chaque numéro aborde un thème particulier, traité par plusieurs auteurs. Dans une perspective pluraliste, internationale et multidisciplinaire, les Cahiers abordent les sujets traités sous l'angle des sciences naturelles ou des sciences sociales. Ils s'attachent à questionner l'actualité et ses arrière-plans conceptuels et factuels.

2004 Cahier n° 1 : *Droit, éthique et politique*

Aminata Traore, Denis Colin et Abdou Diouf

2004 Cahier n° 2 : *Frontières entre police et armée*

Michel Liechti, Giovanni Arcudi et Marisa Vonlanthen

2005 Cahier n°3 : *Guerre en Irak, crise internationale*

Ouvrage collectif

2006 Cahier n° 4 : *Capitalisme, système national/mondial hiérarchisé (SNMH) et devenir du monde*

Michel Beaud

2006 Cahier n° 5 : *Scénarios d'avenir pour le Burundi et l'Afrique des Grands Lacs*

Ouvrage collectif

2007 Cahier n° 6 : *La guerre est-elle une bonne affaire ?*

Ouvrage collectif

2009 Cahier n° 7 : *Les causes des guerres à venir*

Ouvrage collectif

2008 Hors série : *De l'Eau et de la Paix. Conflit et Coopération Israélo-palestiniens*

Ouvrage collectif

2010 Cahier n° 8 : *Quel avenir pour l'Irak ?*

Ouvrage collectif

2013 Cahier n° 9 : *Regards croisés sur la guerre et la paix*

Ouvrage collectif

2020 Cahier n° 10 : *Regards croisés sur Alain Joxe à l'occasion de son 90e anniversaire*

Ouvrage collectif

2021 Cahier n° 11 : *Quelles voies vers la paix ? Francs-maçons, humanistes et militants*

Ouvrage collectif

Les auteurs de cet ouvrage analysent les problématiques du système international contemporain liées aux conflits armés, à la paix et à l'autodétermination des peuples, à la lumière du respect de la souveraineté des États et des principes fondamentaux du droit international. Ils interrogent également, de manière critique, la pratique des États en matière de respect de la souveraineté des autres États et des principes du droit international.

Ces contributions sont les transcriptions des interventions d'un colloque sur « La souveraineté des États et le droit international », organisé le 10 octobre 2020 à Berne par l'Institut international de recherches pour la paix à Genève (GIPRI), l'association Suisse-Cuba et ALBA Suiza.

Intervenants :

Gabriel Galice, Président du Conseil de Fondation du GIPRI

Natalie Benelli, Docteure en sociologie, présidente d'ALBA Suiza, membre du comité de coordination de l'Association Suisse-Cuba

Michele Crogiez Labarthe, Professeur ordinaire de littérature française, directrice de l'Institut de langue et de littérature françaises de l'Université de Berne

Ayssar Midani, Analyste politique et scientifique franco-syrienne

Alfred de Zayas, Juris Doctor (Harvard), Dr phil. (Göttingen), professeur invité dans plusieurs universités (États-Unis, Canada, Allemagne, Espagne, et Suisse), ancien haut fonctionnaire au Haut-Commissariat aux Droits de l'Homme, Expert Indépendant des Nations Unies pour la Promotion d'un Ordre international démocratique et équitable (2012-2018)

François Asselineau, Inspecteur général des Finances en disponibilité, président-fondateur de l'Union Populaire Républicaine

Abel Prieto, Ancien ministre de la Culture de Cuba, Président de la Casa de las Américas

Structures éditoriales du groupe L'Harmattan

L'Harmattan Italie
Via degli Artisti, 15
10124 Torino
harmattan.italia@gmail.com

L'Harmattan Hongrie
Kossuth l. u. 14-16.
1053 Budapest
harmattan@harmattan.hu

L'Harmattan Sénégal
10 VDN en face Mermoz
BP 45034 Dakar-Fann
senharmattan@gmail.com

L'Harmattan Cameroun
TSINGA/FECAFOOT
BP 11486 Yaoundé
inkoukam@gmail.com

L'Harmattan Burkina Faso
Achille Somé – tengnule@hotmail.fr

L'Harmattan Guinée
Almamya, rue KA 028 OKB Agency
BP 3470 Conakry
harmattanguinee@yahoo.fr

L'Harmattan RDC
185, avenue Nyangwe
Commune de Lingwala – Kinshasa
matangilamusadila@yahoo.fr

L'Harmattan Congo
219, avenue Nelson Mandela
BP 2874 Brazzaville
harmattan.congo@yahoo.fr

L'Harmattan Mali
ACI 2000 - Immeuble Mgr Jean Marie Cisse
Bureau 10
BP 145 Bamako-Mali
mali@harmattan.fr

L'Harmattan Togo
Djidjole – Lomé
Maison Amela
face EPP BATOME
ddamela@aol.com

L'Harmattan Côte d'Ivoire
Résidence Karl – Cité des Arts
Abidjan-Cocody
03 BP 1588 Abidjan
espace_harmattan.ci@hotmail.fr

Nos librairies en France

Librairie internationale
16, rue des Écoles
75005 Paris
librairie.internationale@harmattan.fr
01 40 46 79 11
www.librairieharmattan.com

Librairie des savoirs
21, rue des Écoles
75005 Paris
librairie.sh@harmattan.fr
01 46 34 13 71
www.librairieharmattansh.com

Librairie Le Lucernaire
53, rue Notre-Dame-des-Champs
75006 Paris
librairie@lucernaire.fr
01 42 22 67 13